Schreiben üben!
GRIECHISCH

Die Schriftzeichen Schritt für Schritt
lernen und trainieren

von
Caroline Michas

PONS
Schreiben üben!
GRIECHISCH

von
Caroline Michas

2. Auflage 2025

Projektleitung: Christine Lippet
Redaktion: Despina Lamprou
Logoentwurf: Erwin Poell, Heidelberg
Logoüberarbeitung: Sabine Redlin, Ludwigsburg
Layout und Satz: Satzkasten, Stuttgart
Druck und Bindung: Publikum d.o.o

ISBN: 978-3-12-562443-6

Danke für Ihr Vertrauen!

Wir bei PONS sind der Überzeugung: Wer Sprachen spricht, dem steht die Welt offen. Aus diesem Grund entwickeln wir seit über 40 Jahren hochwertige Wörterbücher und Sprachlern-Produkte und entwerfen ständig neue didaktische Konzepte, um für alle Lernenden das Passende anbieten zu können.

Helfen Sie uns mit Ihrem Feedback!

Sind Sie mit diesem Buch zufrieden?

Dann freuen wir uns über Ihre **Weiter-empfehlung**. Erzählen Sie es Ihrem Freundeskreis, der Buchhandlung Ihres Vertrauens oder schreiben Sie eine **Online-Rezension** und helfen Sie uns, dieses Buch anderen näher zu bringen.

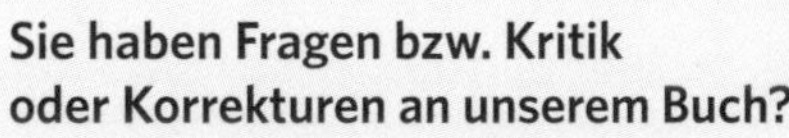

Sie haben Fragen bzw. Kritik oder Korrekturen an unserem Buch?

Wir freuen uns über Ihre Anregungen. Schreiben Sie uns eine Nachricht auf **www.pons.de/kontakt**.

Ihr Feedback hilft uns, unsere Produkte immer weiter zu verbessern.

Herzlichen Dank für Ihre Unterstützung und viel Spaß & Erfolg beim Sprachenlernen.

Ihre PONS-Redaktion

Καλώς ήρθατε! Willkommen!

Willkommen zu Ihrem Schreibtraining „**PONS Schreiben üben! Griechisch**". In diesem Buch lernen Sie Schritt für Schritt alle Buchstaben des griechischen Alphabets kennen.

Zum Aufbau dieses Buches:

Das Buch besteht aus drei Teilen:

- **Einführung** in die Geschichte der Schrift und kurzer Überblick über das griechische Alphabet
- Erlernen und Üben der einzelnen **Buchstaben**
- Trainieren des Lesens und Schreibens anhand von thematischen **Wortfeldern**

Arbeiten mit dem Buch:

Wir empfehlen Ihnen, vor allem, wenn Sie Anfänger sind, das Buch zunächst in der vorgegebenen Reihenfolge zu bearbeiten, da die Reihenfolge der erlernten Buchstaben vom Bekannten zum Unbekannten erfolgt.

- Sie lernen zuerst die **Großbuchstaben**, zuerst die bekannten, dann die unbekannten.
- Anschließend lernen Sie die **Kleinbuchstaben**, von denen sich manche deutlich von den Großbuchstaben unterscheiden.
- Schließlich folgen die verschiedenen **Buchstabenkombinationen**.

Wenn Sie einen neuen Buchstaben erlernen, beginnen Sie immer damit, diesen mehrfach auf den vorgegebenen Schreiblinien zu schreiben. Anschließend folgen bei jedem Buchstaben verschiedene Übungen, bei denen Sie das Lesen und Schreiben der Buchstaben trainieren können.

Wenn Sie das Schreibtraining zu den griechischen Buchstaben gemeistert haben, können Sie den großen Bereich der **thematischen Wortfelder** in einer beliebigen Reihenfolge bearbeiten. Um Ihnen hier das Lesen zu erleichtern, haben wir die Wörter mit ihrer Umschrift angegeben. So können Sie die wichtigsten Wörter lesen, lernen und in kleinen Übungen sowohl die Bedeutung als auch die Schrift nochmals üben.

Viel Spaß und Erfolg wünscht Ihnen
Ihre PONS-Redaktion

Inhaltsverzeichnis

Einführung

Die Entwicklung der griechischen Schrift

Wussten Sie, dass der Name *Alphabet* auf das griechische Alphabet zurückgeht? Das Wort besteht aus den ersten beiden Buchstaben *alpha* und *beta* des griechischen Alphabets. Daran können Sie schon den Einfluss der griechischen Schrift auf andere Kulturen erkennen. Das griechische Alphabet ist der direkte oder indirekte Vorfahre vieler moderner Alphabete, wie z. B. des lateinischen oder kyrillischen Alphabets.

Die Geschichte der Schrift beginnt jedoch schon Jahrhunderte vor der Entwicklung des Alphabets. Ab ca. 2000 v. Chr. wurde die kretische Hieroglyphenschrift - eine Bilderschrift, die noch nicht entziffert werden konnte - verwendet. Von ca. 1700 bis 1200 v. Chr. wurden die Linearschrift A und B verwendet, wobei es sich bei beiden Schriften um Silbenschriften handelt, das heißt, dass Zeichen für größere Einheiten statt nur für einen Vokal oder Konsonanten stehen. Die Linearschrift A konnte nur teilweise entziffert werden, im Gegensatz zur Linearschrift B, die vollständig entziffert werden konnte.

Diese Schriften führten schließlich zur griechischen Alphabetschrift, die ihren Ursprung vermutlich im phönizischen Alphabet hat, das die damaligen Griechen wahrscheinlich bei ihren Reisen während des 9. Jahrhunderts v. Chr. durch das östliche Mittelmeer kennengelernt haben. Die phönizische Schrift bestand aus 22 Schriftzeichen, allerdings nur aus Konsonanten. Hier sehen Sie die phönizischen Zeichen:

alf	bet	gaml	delt
he	wau	zai	het
tet	yod	kaf	lamd
mem	nun	semk	ain
pe	sade	qof	rosh
shin	tau		

Die Griechen ergänzten diese Konsonanten um Vokale, passten sie an die griechische Sprache an und entwickelten so die erste Schrift, in der jedes Zeichen für einen Vokal oder Konsonanten steht. Dadurch werden Unklarheiten in der Aussprache vermieden.

In der griechischen Schrift wurde anfangs von rechts nach links, etwas später in jeder Zeile abwechselnd von links nach rechts bzw. von rechts nach links und dann, wie heute auch, von links nach rechts geschrieben. Hier sehen Sie ein Beispiel mit Schriftrichtung von links nach rechts:

Um die Lesbarkeit der Schrift einfacher zu gestalten, wurde diese ab dem 3. Jahrhundert v. Chr. durch eine Reihe von Akzenten und Spiritus ergänzt. Spiritus sind Zeichen, die einen Stimmeinsatz mit oder ohne Behauchung anzeigen sollen. Bis ca. zum 9. Jahrhundert n. Chr. wurde die Großbuchstabenschrift (Majuskelschrift) verwendet.

Um die Alltagsschrift zu vereinfachen, wurde dann die Minuskelschrift, eine gemischte Verwendung von Klein- und Großbuchstaben, wie sie auch heute üblich ist, verwendet. Hier sehen Sie ein Beispiel in Minuskelschrift mit Akzenten und Spiritus.

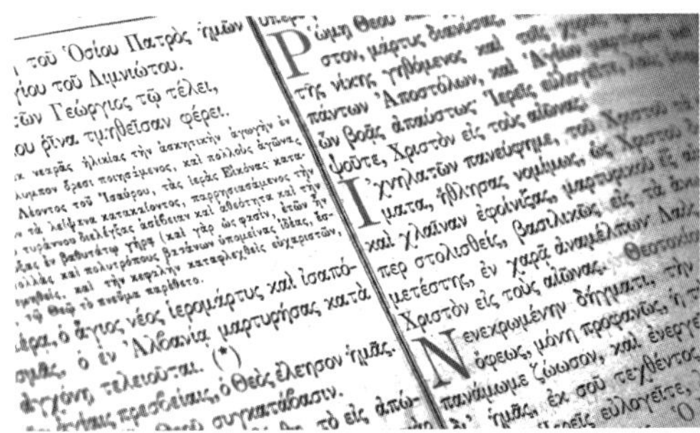

Das griechische Alphabet breitete sich in verschiedenen Regionen aus und daraus entwickelte sich schließlich auch das lateinische Alphabet, das heute für die meisten europäischen Sprachen verwendet wird, sowie das kyrillische Alphabet, das in zahlreichen slawischen Sprachen verwendet wird.

Das heutige griechische Alphabet besteht aus insgesamt 24 Buchstaben, und zwar 7 Vokalen und 17 Konsonanten. Die verschiedenen Akzente und Spiritus wurden 1982 abgeschafft und durch einen einzigen Akzent, den *Tonos* ersetzt, der heute in mehrsilbigen Wörtern die betonte Silbe kennzeichnet.

Das griechische Alphabet kennen Sie sicherlich auch aus anderen Bereichen, zum Beispiel aus dem mathematisch-naturwissenschaftlichen Bereich. So werden Winkel meist mit griechischen Kleinbuchstaben bezeichnet und viele Funktionen und Konstanten sind nach griechischen Buchstaben benannt. Die wohl bekanntesten Beispiele im mathematischen Bereich sind die Kreiszahl π und das Summenzeichen Σ. Auch für die Nummerierung von Rangfolgen werden die griechischen Buchstaben verwendet, z. B. bei der Bezeichnung von Sternen nach der scheinbaren Helligkeit. *Alpha Centauri* ist beispielsweise einer der hellsten Sterne des Sternbilds des Zentauren. Außerdem finden *Alpha* und *Beta* bei Entwicklungsstadien von Software Verwendung.

Das griechische Alphabet auf einen Blick

Das griechische Alphabet besteht aus 24 Buchstaben, und zwar 7 Vokalen und 17 Konsonanten. Beim **Σ** gibt es zwei verschiedene Kleinbuchstaben: **σ** am Wortanfang und innerhalb eines Wortes und **ς** am Wortende.

Buchstaben		Buchstabennamen		Aussprache
groß	klein	auf Griechisch	auf Deutsch	
Α	α	άλφα	Alpha	[a] (wie in **A**merika)
Β	β	βήτα	Beta	[w] (wie in **W**ein)
Γ	γ	γάμα	Gamma	[j] (wie in **j**eder)
Δ	δ	δέλτα	Delta	engl. [th] (wie im engl. **th**ere)
Ε	ε	έψιλον	Epsilon	[e] (wie in **E**ssen)
Ζ	ζ	ζήτα	Zeta	[s] (wie in **S**and)
Η	η	ήτα	Eta	[i] (wie in **I**nhalt)
Θ	θ	θήτα	Theta	engl. [th] (wie im engl. **th**ink)
Ι	ι	γιώτα	Jota	[i] (wie in **I**nhalt)
Κ	κ	κάπα	Kappa	[k] (wie in **K**offer)
Λ	λ	λάμδα	Lambda	[l]; [ʎ] (wie in **L**aden; ital. fo**gl**io)
Μ	μ	μι	My	[m] (wie in **M**ilch)
Ν	ν	νι	Ny	[n]; [ɲ] (wie in **n**ein; span. ni**ñ**o)
Ξ	ξ	ξι	Xi	[x] (wie in **X**ylofon)
Ο	ο	όμικρον	Omikron	[o] (wie in **O**pfer)
Π	π	πι	Pi	[p] (wie in **P**artner)
Ρ	ρ	ρο	Rho	ital. [r] (wie im ital. **R**oma)
Σ	σ, ς	σίγμα	Sigma	[s] (wie in Klau**s**)
Τ	τ	ταυ	Tau	[t] (wie in **T**anne)
Υ	υ	ύψιλον	Ypsilon	[i] (wie in **I**nhalt)
Φ	φ	φι	Phi	[f] (wie in **F**otograf)
Χ	χ	χι	Chi	[ch] (wie in i**ch**, a**ch**)
Ψ	ψ	ψι	Psi	[ps] (wie in **Ps**ychologie)
Ω	ω	ωμέγα	Omega	[o] (wie in **O**pfer)

Das griechische Alphabet auf der Computertastatur

Lernen Sie die griechischen Buchstaben auf der Computertastatur kennen! Nachdem Sie die Sprache Griechisch (Sprachkürzel ΕΛ) auf Ihrem Computer installiert haben, können Sie mit Shift + Alt zur griechischen Tastatur wechseln.

Die Druckschrift ist meist ähnlich zur Schreibschrift, wobei diese im Einzelnen leicht von der Druckschrift abweichen kann. Es ist jedoch leicht zu erkennen, um welchen Buchstaben es sich handelt. Dabei spielt - wie in jeder Sprache - auch der individuelle Schreibstil eine wichtige Rolle. Hier sehen Sie einige Wörter mit unterschiedlichen Schreibstilen.

γάτα	θάλασσα	φωτογραφία
γάτα *Katze*	θάλασσα *Meer*	φωτογραφία *Foto*

Betonung und Interpunktionszeichen

Abgesehen von den unterschiedlichen Buchstaben gibt es ein paar weitere Zeichen, die im Griechischen anders sind.

Betonung

Die Wortbetonung wird beim Schreiben mit einem *Akzent* markiert. Er sitzt stets auf einem Vokal, der lauter als die übrigen ausgesprochen wird. Bei einsilbigen Wörtern steht kein Akzent, abgesehen von wenigen Ausnahmen, bei denen sich die Bedeutung ändert. Bsp.:

νερό	[neró]	*Wasser*
η (weibl. Artikel)	[i]	*die*
ή	[i]	*oder*

Fragezeichen

Das griechische Fragezeichen (;) entspricht dem Zeichen des deutschen Semikolons.

Ano Teleia

Das griechische Zeichen *Ano Teleia* (·) entspricht vom Sinn her dem deutschen Semikolon.

Anführungszeichen

Die griechischen Anführungszeichen («») sind das Pendant zu den deutschen Zeichen „".

Trema

Beim Lesen wird nicht immer jeder Buchstabe einzeln betrachtet. So werden Vokalkombinationen mit ι oder υ als zweiten Buchstaben (s. S. 43) zusammen ausgesprochen. Um diese Regel wiederum aufzuheben gibt es das *Trema* (¨), das dem deutschen Umlaut ähnelt.

Schreiben Sie auf dem Computer? Dann nutzen Sie die folgenden Tastenkombinationen, nachdem Sie die Tastatur umgestellt haben:

Bezeichnung	**Zeichen**	**Tastenkombination**
Betonung (Tonos)	΄	„ö" + [entsprechender Vokal] Der betonte Vokal folgt.
Fragezeichen	;	„q"
Semikolon (Griechisch Ano Teleia)	·	U-0387
Anführungszeichen	« »	AltGr + „ü" (öffnend) AltGr + „*/+/~" (schließend)
Trema	¨	Shift + „ö" + [entsprechender Vokal ι oder υ] Das Trema wird auf nachfolgenden Vokal gesetzt.

Alle weiteren griechischen Zeichen entsprechen den jeweiligen deutschen.

Das griechische Alphabet

1. Bekannte Buchstaben

In den nachfolgenden Lektionen lernen Sie die griechischen Großbuchstaben kennen. Die Großbuchstaben **A, E, I, K, M, N, O, T** werden wie im Deutschen geschrieben und auch ungefähr gleich ausgesprochen.

Ausspracheregel:
Im Griechischen werden alle Vokale kurz ausgesprochen.
Der Buchstabe **N** wird wie das [n] und in bestimmten Fällen wie ein spanisches [ɲ] ausgesprochen.

1. Ähnliche bzw. gleiche Wörter

Können Sie die folgenden Wörter einander zuordnen?

1. KINA	[kína]	___A	Quinoa
2. KANO	[kanó]	___B	China
3. AMOK	[amók]	___C	Kanu
4. KINOA	[kinóa]	___D	Amok
5. TOKIO	[tókio]	___E	Tokio
6. KOMMA	[kóma]	___F	Komma

2. Bild-Wort-Zuordnung

Können Sie die folgenden Bilder wie im Beispiel den jeweiligen Wörtern zuordnen?

1. 
2. 
3. 
4. 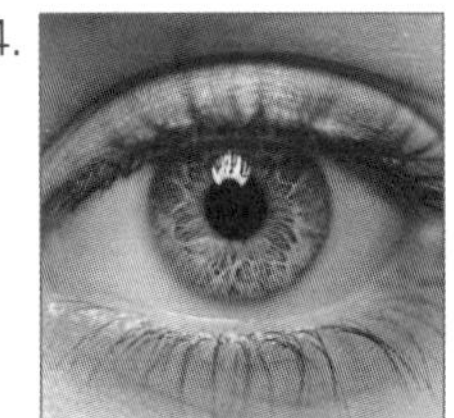

A. _3_ KOTA B. ___ MAMA C. ___ MATI D. ___ KAKAO

3. Schreibübung

Auch diese Wörter bestehen aus den gleichen Ihnen schon bekannten Buchstaben. Schreiben Sie das griechische Wort erneut auf.

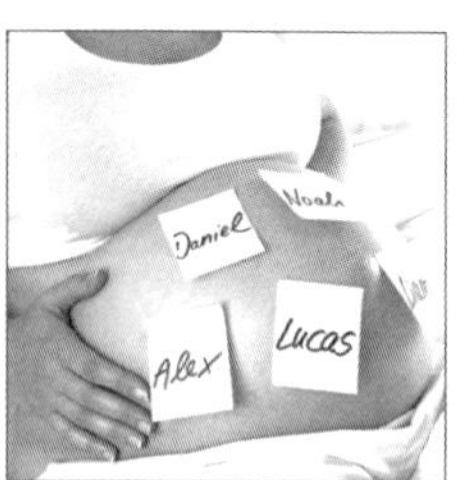

1. ENA ______
2. EKATO ______
3. MANO ______
4. ONOMA ______

4. Wortgitter

Im nachfolgend aufgeführten Wortgitter sehen Sie 11 Wörter aus den vorherigen Übungen. Können Sie sie finden und daneben aufschreiben?

1. ______
2. ______
3. ______
4. ______
5. ______
6. ______
7. ______
8. ______
9. ______
10. ______
11. ______

M	A	T	I	E	E
A	M	E	T	M	K
M	O	K	K	A	A
A	K	O	I	N	T
O	O	T	I	O	O
O	K	A	K	A	O
K	I	N	O	A	N
E	N	A	O	O	N
K	A	N	O	K	K

2. Falsche Freunde

Ein paar Buchstaben werden wie im Deutschen geschrieben, jedoch anders ausgesprochen.

Der Buchstabe B

Ausspracheregel:
Der Buchstabe **B** wird wie das deutsche [w] ausgesprochen.

1. Wort-Wort-Zuordnung

Können Sie die folgenden Wörter zuordnen?

1. MOB ___A Veto

2. KABA ___B Van

3. BETO ___C violett

4. BAN ___D Weinkeller

Der Buchstabe Z

Ein weiterer Buchstabe, der gleich geschrieben, jedoch anders ausgesprochen wird, ist **Z**.

Ausspracheregel:
Der Buchstabe **Z** wird wie ein stimmhaftes [s] ausgesprochen, wie im Wort *Sand*.

2. Bild-Wort-Zuordnung

Können Sie die folgenden Bilder den jeweiligen Wörtern zuordnen?

1.

2. 

A. ___ BIZA B. ___ BAZO

Der Buchstabe H

Ein weiterer Buchstabe, der gleich geschrieben, jedoch anders ausgesprochen wird, ist **H**.

Ausspracheregel:
Im Griechischen gibt es keinen Hauchlaut [h]. **H** wird wie ein kurzes [i] ausgesprochen.

3. Wort-Wort-Zuordnung

Können Sie die folgenden Buchstabennamen zuordnen?

1. BHTA ___A Eta
2. ZHTA ___B Beta
3. HTA ___C Zeta

4. Fehlendes H

Ergänzen Sie das fehlende H und schreiben Sie die Wörter erneut auf!

1. BENZIN__ ________________ Benzin
2. NIK__ ________________ Sieg
3. B__MA ________________ Schritt
4. TIM__ ________________ Preis
5. KIN__TO ________________ Handy
6. NOMIK__ ________________ Jura

Der Buchstabe P

Noch ein Buchstabe, der gleich geschrieben, aber anders ausgesprochen wird, ist der Buchstabe **P**.

Ausspracheregel:
Der Buchstabe **P** wird als gerolltes Zungenspitzen-[r] ausgesprochen, wie im italienischen Wort *mare*.

5. Bild-Wort-Zuordnung

Können Sie die folgenden Bilder den jeweiligen Wörtern zuordnen?

1. 

2.

3. 

4. 

A. ___ TPAM B. ___ METPO C. ___ ZEBPA D. ___ ZAPI

6. Fehlendes P

Ergänzen Sie das fehlende P und schreiben Sie die Wörter erneut auf!

1. KE__I ________________ Kerze
2. ME__A ________________ Tag
3. AK__H ________________ Ecke
4. T__IA ________________ drei
5. __AKH ________________ Tresterschnaps
6. KO__H ________________ Tochter
7. K__EMA ________________ Creme

Der Buchstabe X

Gleich geschrieben, jedoch anders ausgesprochen, wird auch der Buchstabe **X**.

Ausspracheregel:
Der Buchstabe **X** wird wie ein [ch] wie in *ich* bzw. *ach* ausgesprochen.
Konkret gilt: Wenn auf ein **X** ein i- oder e-Laut folgt, wird das **X** wie in *ich*, *Milch* ausgesprochen. Folgt ein a-, o- oder u-Laut oder ein Konsonant, wird das **X** wie in *ach*, *Achtung* ausgesprochen. Bsp.:
XEPI [chéri] *Hand*
XAPA [chará] *Freude*

7. Fehlendes X

Ergänzen Sie das fehlende X und schreiben Sie die Wörter erneut auf!

1. TA__INI ______________ Sesammuss
2. __APA ______________ Freude
3. __AKI ______________ khaki
4. __APTI ______________ Papier
5. MH__ANH ______________ Maschine
6. __EPI ______________ Hand

8. Aussprache

Bei welchem der o.g. Wörter wird das X wie in *ich* und bei welchen wie in *ach* ausgesprochen?

1. wie in *ich*: ______________________________
2. wie in *ach*: ______________________________

Der Buchstabe Y

Der letzte Buchstabe, der gleich geschrieben, jedoch anders ausgesprochen wird, ist der Buchstabe **Y**.

Ausspracheregel:
Der Buchstabe **Y** wird wie auch das griechische **I** und das griechische **H** wie ein kurzes [i] ausgesprochen. Ein Beispiel dafür ist das Wort *TYPI* (Käse).

9. Schreibübung

Nachfolgend sehen Sie griechische Wörter und ihre Darstellung in Bildern. Schreiben Sie die Wörter erneut auf!

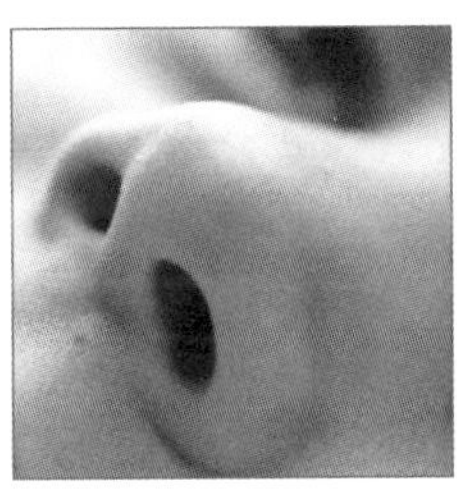

1. TYPI ____________
2. KYMA ____________
3. MYTH ____________

10. Buchstabensalat

Nachfolgend sehen Sie Wörter, die Sie bereits kennen. Jedoch sind bei diesen die Buchstaben nicht in der korrekten Reihenfolge. Können Sie sie in die korrekte Reihenfolge bringen und aufschreiben?

1. NAIK ____________
2. YTPI ____________
3. TAKO ____________
4. ZAIB ____________
5. MXANHH ____________

3. Bekannte Buchstaben aus anderen Kontexten

Ein paar griechische Buchstaben kennen Sie bereits aus dem mathematisch-naturwissenschaftlichen Bereich.

Der Buchstabe Σ

Der Buchstabe **Σ** wird in der Mathematik als Summenzeichen verwendet.

Σ	Σ

Ausspracheregel:
Der Buchstabe **Σ** wird wie ein stimmloses [s] wie im Wort *Klaus* ausgesprochen.

1. Wort-Wort-Zuordnung

Können Sie die folgenden Wörter zuordnen?

1. ΣΤΑΡ ___A Massage
2. ΜΑΣΑΖ ___B Basis
3. ΒΑΣΗ ___C Luft
4. ΑΕΡΑΣ ___D Star

2. Fehlendes Σ

Ergänzen Sie das fehlende Σ und schreiben Sie die Wörter erneut auf!

1. __ΥΚΟ ________________ Feige
2. ΝΗ__Ι ________________ Insel
3. ΒΗΧΑ__ ________________ Husten
4. ΖΕ__ΤΗ ________________ Hitze
5. ΕΤΟ__ ________________ Jahr
6. Α__ΤΕΡΙ ________________ Stern

Der Buchstabe Ω

Der Buchstabe Ω wird in der Physik als Einheitenzeichen für elektrischen Widerstand (Ohm) verwendet.

Ω	Ω

Ausspracheregel:
Der Buchstabe **Ω** wird wie ein kurzes [o] ausgesprochen.

3. Fehlendes Ω

Ergänzen Sie das fehlende Ω und schreiben Sie die Wörter erneut auf!

1. __PA ________________ Uhrzeit / Stunde
2. EP__ΤΗΣΗ ________________ Frage
3. Τ__PA ________________ jetzt
4. __ΚΕΑΝΟΣ ________________ Ozean

4. Buchstaben erkennen

Welche Buchstaben sehen Sie im nachfolgenden Bild?

____

Gut zu wissen:
Die Buchstaben A und Ω gibt es auch in anderen Kontexten. Für Christen bedeuten sie: Jesus ist der Anfang und das Ende. Die Redewendung „**το άλφα και το ωμέγα**" (das A und O) wird auch verwendet, um auszudrücken, dass etwas von zentraler Bedeutung ist.

4. Unbekannte Buchstaben

Die nachfolgenden Buchstaben entsprechen deutschen Buchstaben, die anders aussehen bzw. es gibt keine deutsche Entsprechung.

Der Buchstabe Γ

Γ	Γ

Ausspracheregel:
Wenn auf das **Γ** ein i- oder e-Laut folgt, wird das **Γ** wie ein [j], z. B. bei *jeder*, ausgesprochen, wie im Wort *ΓΙΑΓΙΑ* (Oma). Folgt ein a-, o- oder u-Laut oder ein Konsonant, wird das Γ ähnlich einem Zäpfchen-[r], z. B. bei *Radio*, ausgesprochen, wie im Wort *ΓΑΤΑ* (Katze).

1. Schreibübung

Nachfolgend sehen Sie griechische Wörter und ihre Darstellung in Bildern. Schreiben Sie die Wörter erneut auf!

1. ΓΑΤΑ
2. ΓΡΑΜΜΑ
3. ΓΙΑΤΡΟΣ
4. ΓΑΜΟΣ

2. Wort-Wort-Zuordnung

Können Sie die folgenden Wörter zuordnen?

1. ΓΕΩΜΕΤΡΙΑ ___A Deutschland
2. ΓΕΡΜΑΝΙΑ ___B Magier
3. ΜΑΓΟΣ ___C Geometrie

3. Fehlendes Γ

Ergänzen Sie das fehlende Γ und schreiben Sie die Wörter erneut auf!

1. __ΕΡΜΑΝΙΑ ________________ Deutschland

2. __Η ________________ Erde

3. __ΙΑΤΙ ________________ warum

4. __ΙΟΣ ________________ Sohn

5. __ΝΩΜΗ ________________ Meinung

6. __ΡΑΜΜΗ ________________ Linie

7. __ΡΗ__ΟΡΑ ________________ schnell

4. Buchstabennamen

Nachfolgend sehen Sie Buchstabennamen, die teilweise bereits in anderen Übungen vorkamen. Die restlichen können Sie anhand der Ihnen bereits bekannten Buchstaben lesen. Können Sie sie den jeweiligen Buchstaben zuordnen und in die korrekte Reihenfolge bringen?

1. ΓΙΩΤΑ	___A	Ν
2. ΓΑΜΜΑ	___B	Μ
3. ΜΙ	___C	Ζ
4. ΧΙ	___D	Η
5. ΒΗΤΑ	___E	Σ
6. ΝΙ	___F	Γ
7. ΗΤΑ	___G	Ι
8. ΟΜΙΚΡΟΝ	___H	Χ
9. ΩΜΕΓΑ	___I	Β
10. ΖΗΤΑ	___J	Ο
11. ΣΙΓΜΑ	___K	Ρ
12. ΡΟ	___L	Ω

Korrekte Reihenfolge:

____

Der Buchstabe Δ

Δ	Δ

Ausspracheregel:
Der Buchstabe **Δ** wird wie das englische [th] im englischen Wort *there* ausgesprochen.

5. Wort-Wort-Zuordnung

Können Sie die folgenden Wörter zuordnen?

1.	ΙΔΕΑ	___A	Diabetes
2.	ΔΡΑΜΑ	___B	Mode
3.	ΜΟΔΑ	___C	Dänemark
4.	ΔΑΝΙΑ	___D	Haut
5.	ΔΕΡΜΑ	___E	Demokratie
6.	ΔΗΜΟΚΡΑΤΙΑ	___F	Diagramm
7.	ΔΙΑΓΡΑΜΜΑ	___G	Idee
8.	ΔΙΑΒΗΤΗΣ	___H	Dynamik
9.	ΔΥΝΑΜΙΚΗ	___I	Syndrom
10.	ΣΥΝΔΡΟΜΟ	___J	Drama

6. Schreibübung

Nachfolgend sehen Sie griechische Wörter und ihre Darstellung in Bildern. Schreiben Sie die Wörter erneut auf!

1. ΒΙΔΑ

____

2. ΔΑΣΟΣ

____

3. ΔΩΡΟ

____

3. ΡΟΔΙ

____

Der Buchstabe Θ

Θ	Θ

Ausspracheregel:
Der Buchstabe **Θ** wird wie das englische [th] im englischen Wort *think* ausgesprochen.

7. Wort-Wort-Zuordnung

Können Sie die folgenden Wörter zuordnen?

1. ΘΕΑΤΡΟ ___A Theta (Buchstabe)
2. ΘΗΤΑ ___B Thema
3. ΘΕΜΑ ___C Athen
4. ΑΘΗΝΑ ___D Theater

8. Fehlendes Θ

Ergänzen Sie das fehlende Θ und schreiben Sie die Wörter erneut auf!

1. __ΕΟΣ ______________ Gott
2. ΜΑ__ΗΜΑ ______________ Unterricht
3. ΒΑ__ΜΟΣ ______________ Note

9. Buchstabensalat

Nachfolgend sehen Sie Ihnen bekannte Wörter, bei denen die Buchstaben durcheinander sind. Können Sie sie in die korrekte Reihenfolge bringen und aufschreiben?

1. ΣΟΕΘ ______________
2. ΡΟΤΘΑΕ ______________
3. ΝΑΑΘΗ ______________
4. ΡΑΜΑΔ ______________

Der Buchstabe Λ

Λ	Λ

Ausspracheregel:
Der Buchstabe **Λ** entspricht dem deutschen *L*. In bestimmten Fällen wird er aber wie ein italienisches [ʎ] ausgesprochen.

10. Wort-Wort-Zuordnung

Können Sie die folgenden Wörter zuordnen?

1. ΓΕΩΛΟΓΙΑ	___A	Dialog
2. ΔΙΑΛΟΓΟΣ	___B	Delta (Buchstabe)
3. ΔΕΛΤΑ	___C	Meer
4. ΘΑΛΑΣΣΑ	___D	Analyse
5. ΛΑΤΙΝΙΚΑ	___E	Griechisch
6. ΕΛΛΗΝΙΚΑ	___F	Dilemma
7. ΔΙΛΗΜΜΑ	___G	Nostalgie
8. ΝΟΣΤΑΛΓΙΑ	___H	Athlet
9. ΑΝΑΛΥΣΗ	___I	Lateinisch
10. ΑΘΛΗΤΗΣ	___J	Geologie

11. Schreibübung

Nachfolgend sehen Sie griechische Wörter und ihre Darstellung in Bildern. Schreiben Sie die Wörter erneut auf!

1. ΓΛΥΚΟ

____

2. ΓΑΛΑ

____

3. ΗΛΙΟΣ

____

4. ΕΚΚΛΗΣΙΑ

____

Der Buchstabe Ξ

Ξ	Ξ

Ausspracheregel:
Der Buchstabe Ξ entspricht dem deutschen *X*, wie im Wort *Xylofon*.

12. Gleich ausgesprochenes Wort

Das Wort *TAXI* wird im Griechischen gleich ausgesprochen. Können Sie es aufschreiben?

____

13. Fehlendes Ξ

Ergänzen Sie das fehlende Ξ und schreiben Sie die Wörter erneut auf!

1. __ΥΛΟ ______________ Holz
2. __ΑΝΑ ______________ wieder
3. __ΙΔΙ ______________ Essig
4. ΔΕ__ΙΑ ______________ rechts

14. Buchstabensalat

Nachfolgend sehen Sie Ihnen bekannte Wörter, bei denen die Buchstaben jedoch nicht in der korrekten Reihenfolge sind. Können Sie sie in die korrekte Reihenfolge bringen und aufschreiben?

1. ΛΟΞΥ ______________
2. ΛΙΗΣΟ ______________
3. ΔΙΙΞ ______________

Der Buchstabe Π

Π	Π

Ausspracheregel:
Der Buchstabe **Π** entspricht dem deutschen *P*, wie im Wort *Partner*.

15. Wort-Wort-Zuordnung

Können Sie die folgenden Wörter zuordnen?

1. ΠΑΡΜΕΖΑΝΑ ___A Rap (Musik)
2. ΡΑΠ ___B Parmesan

16. Fehlendes Π

Ergänzen Sie das fehlende Π bzw. die fehlenden Π und schreiben Sie die Wörter erneut auf!

1. __ΡΩΙ ________________ Morgen
2. __ΑΓΩΤΟ ________________ Eis
3. __Α__ΑΣ ________________ Pfarrer
4. __ΛΑΚΑ ________________ Spaß
5. __ΑΡΑΛΙΑ ________________ Strand

17. Wortschlange

Können Sie die Wörter in der Wortschlange finden und aufschreiben?

ΠΑΠΑΣΠΑΓΩΤΟΡΑΠΞΥΛΟΞΙΔΙΠΑΡΜΕΖΑΝΑΞΑΝΑΠΛΑΚΑΓΑΛΑΠΡΩΙ

____

____

Der Buchstabe Φ

Φ	Φ

Ausspracheregel:
Der Buchstabe **Φ** entspricht dem deutschen *F*, wie im Wort *Fotograf*.

18. Gleich ausgesprochene Wörter

Die nachfolgenden Wörter werden im Griechischen gleich ausgesprochen.
Können Sie sie aufschreiben?

1. Feta (Käse) ____________________
2. Fax ________________________

19. Wort-Wort-Zuordnung

Können Sie die folgenden Wörter zuordnen?

1. ΦΩΤΟΓΡΑΦΙΑ ___A Delfin
2. ΔΕΛΦΙΝΙ ___B Geografie
3. ΓΕΩΓΡΑΦΙΑ ___C Saxofon
4. ΣΑΞΟΦΩΝΟ ___D Telefon
5. ΤΗΛΕΦΩΝΟ ___E Foto

20. Schreibübung

Nachfolgend sehen Sie griechische Wörter und ihre Darstellung in Bildern. Schreiben Sie die Wörter erneut auf!

1. ΦΟΡΕΜΑ

____

2. ΦΑΝΑΡΙ

____

3. ΦΩΤΙΑ

____

4. ΦΙΔΙ

____

21. Fehlendes Φ

Ergänzen Sie das fehlende Φ und schreiben Sie die Wörter erneut auf!

1. __ΩΣ ______________ Licht
2. __ΙΛΙ ______________ Kuss
3. __ΥΣΗ ______________ Natur
4. __ΑΓΗΤΟ ______________ Essen
5. __ΩΝΗ ______________ Stimme
6. __ΑΚΗ ______________ Linse (Essen)
7. __ΟΡΤΗΓΟ ______________ Lkw
8. __ΑΒΑ ______________ Platterbsenpüree

Der Buchstabe Ψ

Ψ	ψ

Ausspracheregel:
Der Buchstabe **Ψ** entspricht dem deutschen *Ps*, wie im Wort *Psychologie*.

22. Fehlendes Ψ

Ergänzen Sie das fehlende Ψ und schreiben Sie die Wörter erneut auf!

1. __ΩΜΙ ________________ Brot
2. __ΑΡΙ ________________ Fisch
3. __ΑΛΙΔΙ ________________ Schere
4. ΤΑ__Ι ________________ Backblech
5. __ΕΜΑ ________________ Lüge
6. __ΗΣΤΑΡΙΑ ________________ Grillrestaurant

23. Ähnliches Wort

Können Sie erraten, was die folgenden Wörter bedeuten? Sie sind den deutschen Wörtern sehr ähnlich.

1. ΨΥΧΟΛΟΓΙΑ ________________
2. ΨΥΧΙΑΤΡΙΚΗ ________________
3. ΨΑΛΜΟΣ ________________
4. ΨΥΧΑΝΑΛΥΣΗ ________________
5. ΑΠΟΚΑΛΥΨΗ ________________ (religiös)

24. Deutsche Buchstaben haben sich „eingeschlichen“

In folgende griechische Wörter haben sich deutsche Buchstaben „eingeschlichen“, die im griechischen Alphabet nicht vorkommen. Streichen Sie die deutschen Buchstaben durch und schreiben Sie die Wörter richtig auf.

1. KOCLTA ______________
2. ONOQMAQ ______________
3. BIZAR ______________
4. NIKSSH ______________
5. WXEPI ______________
6. TYPIC ______________
7. ΤΩPDA ______________
8. ΓΑΛFA ______________
9. ΔYOJ ______________
10. MAGΘHMA ______________
11. ΔΙΑΛLΟΓΟΣ ______________
12. ΘΑΛΑQΣΣΑ ______________
13. ΦETCA ______________
14. ΨΩRMI ______________

5. Die Kleinbuchstaben

Die Kleinbuchstaben unterscheiden sich im Griechischen teilweise deutlich von den jeweiligen Großbuchstaben. Nachfolgend sehen Sie die Kleinbuchstaben der Großbuchstaben **A, E, I, K, M, N, O, T** aus dem 1. Kapitel.
Schreiben Sie abwechselnd den Groß- und den Kleinbuchstaben, so merken Sie sich besser, welche Buchstaben zusammengehören.

Α	α	Α α
Ε	ε	Ε ε
Ι	ι	Ι ι
Κ	κ	Κ κ
Μ	μ	Μ μ
Ν	ν	Ν ν
Ο	ο	Ο ο
Τ	τ	Τ τ

Groß- und Kleinschreibung:
Im Griechischen werden nur die Eigennamen großgeschrieben und nicht alle Substantive wie im Deutschen.

1. Wort erkennen

Im nachfolgenden Bild sehen Sie eine Zeichnung mit einer Mutter und ihrem Kind. Auch im Griechischen benutzt man ein ähnliches Wort für „Mama". Können Sie das Wort und den Namen des Mädchens erkennen und mit Groß- und Kleinbuchstaben aufschreiben?

1. ___ ___ ___ ___   ___ ___ ___ ά

   (Mama)

2. ___ ___ ___ ___   Ά ___ ___ ___

   (Name des Mädchens)

2. Wörter mit Kleinbuchstaben schreiben

Können Sie die folgenden Ihnen bekannten Wörter aus dem 1. Kapitel mit Kleinbuchstaben schreiben? In den Lösungen sind die Wörter mit dem jeweiligen Akzent aufgeführt.

1. KINA Kί ___ ___ China
2. KANO ___ ___ ___ ό Kanu
3. KOMMA ___ ό ___ ___ ___ Komma
4. ENA έ ___ ___ eins
5. EKATO ___ ___ ___ ___ ό hundert
6. ONOMA ό ___ ___ ___ ___ Name

Betonung:
Wie man den o. g. Beispielen entnehmen kann, wird die Wortbetonung beim Schreiben mit einem Akzent markiert. Er sitzt stets auf einem Vokal, der lauter als die übrigen ausgesprochen wird. Bei einsilbigen Wörtern steht kein Akzent, abgesehen von wenigen Ausnahmen, bei denen sich die Bedeutung ändert, z. B.:

η (weiblicher Artikel) [i] die
ή [i] oder

Der Kleinbuchstabe β

Β	β	Β β

3. Wörter einander zuordnen

Können Sie die folgenden Ihnen bekannten Wörter mit Großbuchstaben schreiben?

1. μοβ ___ ___ ___ violett
2. κάβα ___ ___ ___ ___ Weinkeller
3. βέτο ___ ___ ___ ___ Veto
4. βαν ___ ___ ___ Van

Der Kleinbuchstabe ζ

Ζ	ζ	Ζ ζ

4. Wörter mit Kleinbuchstaben schreiben

Können Sie die folgenden Ihnen bekannten Wörter aus dem 1. Kapitel mit Kleinbuchstaben schreiben?

1. ΒΙΖΑ ___ ί ___ ___ Visum
2. ΒΑΖΟ ___ ά ___ ___ Vase

5. Buchstabensalat

Nachfolgend sehen Sie Ihnen bekannte Wörter, bei denen die Buchstaben jedoch durcheinander sind. Können Sie sie in die korrekte Reihenfolge bringen und aufschreiben?

1. όονμα ό ___ ___ ___ ___ Name
2. κκοάα ___ ___ ___ ά ___ Kakao

Der Kleinbuchstabe η

H	η	Hη

6. Wörter mit Kleinbuchstaben schreiben

Können Sie die folgenden Ihnen bekannten Wörter mit Kleinbuchstaben schreiben?

1. TIMH ___ ___ ___ ή Preis
2. KINHTO ___ ___ ___ ___ ___ ό Handy
3. BENZINH ___ ___ ___ ___ ί ___ ___ Benzin
4. NIKH ___ ί ___ ___ Sieg

Der Kleinbuchstabe ρ

P	ρ	Pρ

7. Wörter erkennen

In Bild 1 sehen Sie eine griechische Taverne. Können Sie das erste Wort mit Groß- und Kleinbuchstaben aufschreiben? In Bild 2 sehen Sie auf jeder Flasche 2 Wörtern in lateinischer Schrift. Das zweite Wort kennen Sie bereits aus dem Griechischen (s. S. 15). Schreiben Sie es mit Groß- und Kleinbuchstaben auf!

1. 

2. 

Bild 1 ___ ___ ___ ___ ___ ___ ___ ___ ___ ___ ___ έ ___ ___ ___

Bild 2 ___ ___ ___ ___ ___ ___ ___ ή

Der Kleinbuchstabe χ

Χ	χ	Χχ

8. Wörter mit Kleinbuchstaben schreiben

Können Sie die folgenden Ihnen bekannten Wörter mit Kleinbuchstaben schreiben?

1. ΧΑΡΑ _ _ _ ά Freude
2. ΧΕΡΙ _ έ _ _ Hand
3. ΜΗΧΑΝΗ _ _ _ _ _ ή Maschine
4. ΧΑΡΤΙ _ _ _ _ ί Papier
5. ΧΑΚΙ _ _ _ ί khaki

Der Kleinbuchstabe υ

Υ	υ	Υυ

9. Wörter erkennen

In Bild 1 sehen Sie eine Aufschrift zur griechischen Süßware Bougatsa mit einer Käse- oder einer Cremefüllung (die beiden Zutaten sehen Sie in der zweiten Textzeile). Schreiben Sie die drei Wörter und das Wort in Bild 2 mit Groß- und Kleinbuchstaben auf!

1. 

2. 

Bild 1 _ _ _ _ _   _ _ _ _ ί   _ _ _ _ _ _   _ _ _ έ _ _

Bild 2 _ _ _ _ _ _   Χ _ _ _ ά

Der Kleinbuchstabe σ, ς

Σ	σ	Σσ
Σ	ς	Σς

Wichtig:
Beim **Σ** gibt es zwei Kleinbuchstaben: **σ** am Wortanfang und innerhalb eines Wortes und **ς** am Wortende.

10. Wörter mit Kleinbuchstaben schreiben

Können Sie die folgenden Ihnen bekannten Wörter mit Kleinbuchstaben schreiben?

1. ΣΥΚΟ __ ύ __ __ Feige
2. ΑΕΡΑΣ __ έ __ __ __ Luft
3. ΝΗΣΙ __ __ __ ί Insel
4. ΖΕΣΤΗ __ έ __ __ __ Hitze
5. ΕΤΟΣ έ __ __ __ Jahr
6. ΒΗΧΑΣ __ ή __ __ __ Husten

11. Wort erkennen

Im nachfolgenden Bild sehen Sie einen Wegweiser. Können Sie den griechischen Ortsnamen mit Groß- und Kleinbuchstaben aufschreiben?

__ __ __ __ __

Ά __ __ __ ς

Der Kleinbuchstabe ω

Ω	ω	Ω ω

12. Wörter einander zuordnen

Können Sie die folgenden Ihnen bekannten Wörter mit Kleinbuchstaben schreiben?

1. ΩΡΑ ώ _ _ Uhrzeit / Stunde
2. ΤΩΡΑ _ ώ _ _ jetzt
3. ΕΡΩΤΗΣΗ _ _ ώ _ _ _ _ Frage
4. ΩΚΕΑΝΟΣ _ _ _ _ _ ό _ Ozean

13. Gleiche Aussprache

Welcher Buchstabe aus Übung 12 wird wie das ω ausgesprochen (Groß- und Kleinbuchstabe)?

_ _

Welche Buchstaben werden außerdem wie ein i ausgesprochen (Groß- und Kleinbuchstaben)?

_ _ _ _ _ _

14. Wortschlange

Können Sie die Wörter in der Wortschlange finden und mit Groß- und Kleinbuchstaben aufschreiben?

ΒΑΣΗΝΗΣΙΧΑΡΑΧΕΡΙΤΙΜΗΝΙΚΗ

_ _ _ _	_ _ _ _	_ _ _ _	_ _ _ _	_ _ _ _	_ _ _ _
_ ά _ _	_ _ _ ί	_ _ _ ά	_ έ _ _	_ _ _ ή	_ ί _ _
Basis	Insel	Freude	Hand	Preis	Sieg

Der Kleinbuchstabe γ

Γ	γ	Γγ

15. Wörter bilden

Sie kennen schon viele griechische Buchstaben. Bilden Sie anhand der (teilweise) jeweils aufgeführten Buchstaben Ihnen bekannte Wörter! Teilweise werden Buchstaben doppelt verwendet.

1. α, γ, μ, ρ __ά______ Gamma ____ά______ Brief
2. α, γ, μ, ο, ς __ά______ Hochzeit __ά______ Magier
3. α, γ, ι, τ __ά____ Katze ________ί warum

Der Kleinbuchstabe δ

16. Wörter erkennen

Können Sie die griechischen Wörter in den beiden Bildern erkennen und mit Groß- und Kleinbuchstaben schreiben?

1.

2.

Bild 1 ______________ έ____________

Bild 2 ____________________ ________________________

E______________ή Δ________________ί__

Der Kleinbuchstabe θ

17. Wörter erkennen

In Bild 1 sehen Sie einen Wegweiser, u.a. mit der Hauptstadt Griechenlands. Das griechische Wort kennen Sie bereits. Können Sie es mit Groß- und Kleinbuchstaben aufschreiben? In Bild 2 sehen Sie in der dritten Zeile zwei griechische Wörter, können Sie das erste Wort mit Groß- und Kleinbuchstaben aufschreiben?

1. 

2. 

Bild 1 _ _ _ _ _ _ _ _ ή _ _ Athen

Bild 2 _ _ _ _ _ _ _ _ έ _ _ _ _ _ Theater

Der Kleinbuchstabe λ

Λ λ Λ λ

18. Wörter mit Kleinbuchstaben schreiben

Können Sie die folgenden Ihnen bekannten Wörter mit Kleinbuchstaben schreiben?

1. ΔΙΑΛΟΓΟΣ _ _ ά _ _ _ _ ς Dialog
2. ΘΑΛΑΣΣΑ _ ά _ _ _ _ _ Meer
3. ΓΛΥΚΟ _ _ _ _ ό Kuchen
4. ΗΛΙΟΣ ή _ _ _ _ Sonne

Der Kleinbuchstabe ξ

Ξ	ξ	Ξ ξ

19. Wörter einander zuordnen

Können Sie die folgenden Ihnen bekannten Wörter einander zuordnen?

1. ΞΥΛΟ	___A	ξανά	wieder
2. ΞΙΔΙ	___B	δεξιά	rechts
3. ΔΕΞΙΑ	___C	ξίδι	Essig
4. ΞΑΝΑ	___D	ξύλο	Holz

Der Kleinbuchstabe π

Π	π	Π π

20. Wörter erkennen

In Bild 1 sehen Sie einen Wegweiser zu einem Strand, in Bild 2 ein Warnzeichen für Steinschlag und das Wort in Bild 3 kennen Sie bereits. Können Sie die Wörter mit Groß- und Kleinbuchstaben aufschreiben (Bild 2: 1. Wort)?

1. 

2. 

3. 

Bild 1 ___________ __________

Π______ί__ Κό______ Strandbezeichnung

Bild 2 ___________ __________ή Vorsicht

Bild 3 _____ ____ί Taxi

Der Kleinbuchstabe φ

Φ	φ	Φ φ

21. Wörter mit Kleinbuchstaben schreiben

Können Sie die folgenden Ihnen bekannten Wörter mit Kleinbuchstaben schreiben?

1. ΦΕΤΑ ___ έ ___ ___ Feta (Käse)
2. ΦΟΡΕΜΑ ___ ό ___ ___ ___ ___ Kleid
3. ΤΗΛΕΦΩΝΟ ___ ___ ___ έ ___ ___ ___ ___ Telefon
4. ΦΩΤΟΓΡΑΦΙΑ ___ ___ ___ ___ ___ ___ ___ ___ ί ___ Foto
5. ΦΥΣΗ ___ ύ ___ ___ Natur
6. ΦΑΓΗΤΟ ___ ___ ___ ___ ___ ό Essen

Der Kleinbuchstabe ψ

Ψ	ψ	Ψ ψ

22. Wort erkennen

Im nachfolgenden Bild sehen Sie ein beliebtes Speiselokal in Griechenland (zweites Wort auf dem Schild). Können Sie es mit Groß- und Kleinbuchstaben aufschreiben?

___ ___ ___ ___ ___ ___ ___ ___ ___ ___ ___

___ ___ ___ ___ ___ ___ ___ έ ___ ___ ___

Fischtaverne

23. Quiz mit griechischen Wörtern

Sie haben schon viel gelernt und kennen bereits viele griechische Wörter! Lösen Sie das Kreuzworträtsel und schreiben Sie die Wörter sowohl mit Klein- als auch mit Großbuchstaben auf!

1. Öffentliches Verkehrsmittel in Großstädten
2. Flüssiges Milchprodukt
3. Süßspeise
4. Tresterschnaps
5. eins
6. Land in Asien
7. Obstsorte
8. warmes Getränk

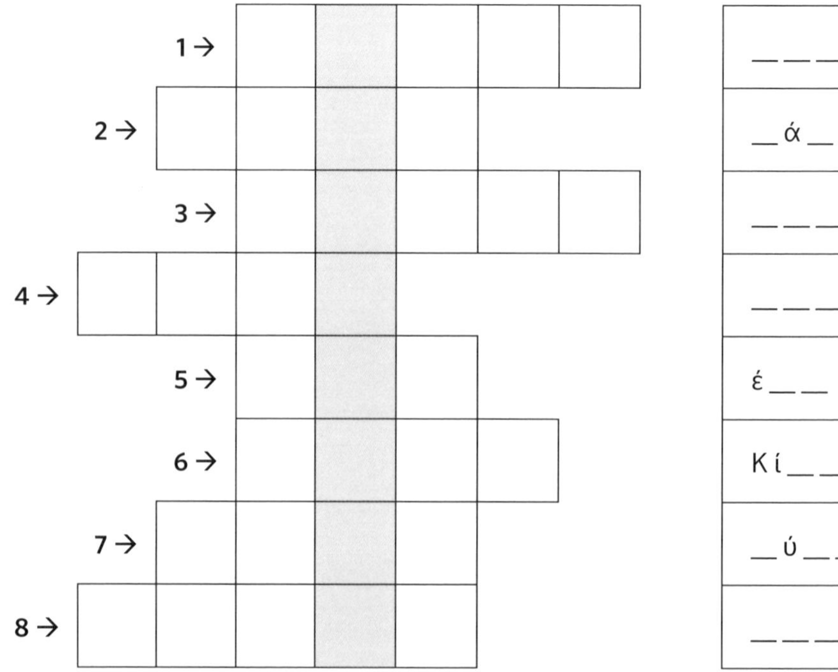

Welches griechische Wort ergibt sich in der grauen Spalte? Schreiben Sie es mit Klein- und Großbuchstaben auf und schreiben Sie außerdem die Bedeutung auf (S. 24)!

_ _ _ _ _ _ _ _

ε _ _ _ _ _ _ ά

____

6. Buchstabenkombinationen

Im Griechischen gibt es verschiedene Buchstabenkombinationen. Nachfolgend finden Sie die Buchstabenkombinationen für Vokale.

Buchstaben-kombination		**Aussprache**	**Beispiel**	**Aussprache**	**Bedeutung**
klein	**groß**				
αι	ΑΙ	[e]	ναι και	[ne] [ke]	*ja* *und*
ει	ΕΙ	[i]	είμαι	[íme]	*ich bin*
οι	ΟΙ	[i]	οικογένεια	[ikojénia]	*Familie*
ου	ΟΥ	[u]	ούζο	[úso]	*Ouzo*
αυ	ΑΥ	[af] [aw]	αυτοκίνητο αύριο	[aftokínito] [áwrio]	*Auto* *morgen*
ευ	ΕΥ	[ef] [ew]	ευχαριστώ ευρώ	[efcharistó] [ewró]	*danke* *Euro*

Wenn eine Buchstabenkombination betont wird, dann wird der Betonungsakzent immer auf den zweiten Buchstaben gesetzt. Einsilbige Wörter (wie z. B. ναι) erhalten keinen Betonungsakzent (abgesehen von wenigen Ausnahmen, s. hierzu S. 10).

Wenn eine Vokalkombination nicht als solche ausgesprochen wird, wird das sog. *Trema* (¨), das dem deutschen Umlaut ähnelt, verwendet (s. S. 10).

Beispiel: παιδάκι [petháki] kleines Kind
παϊδάκι [paitháki] Rippchen

Bei Großbuchstaben bleibt das Trema stehen.

Beispiel: ΠΑΪΔΑΚΙ [paitháki] Rippchen

Wenn der erste der beiden Buchstaben einer Vokalkombination betont wird, steht kein Trema und auch dann werden die Buchstaben einzeln ausgesprochen.

Beispiel: Μάιος [máios] Mai

Bei Großbuchstaben steht in diesem Fall jedoch ein Trema, da der Akzent entfällt.

Beispiel: ΜΑΪΟΣ [máios] Mai

1. Gleiche Aussprache

Schauen Sie sich noch einmal die Tabelle auf S. 43 an. Welcher Buchstabe wird wie αι ausgesprochen (Groß- und Kleinbuchstabe)?

__ __

Welche weiteren Buchstaben werden wie ει und οι ausgesprochen (Groß- und Kleinbuchstaben)?

__ __   __ __   __ __

2. Wörter mit Großbuchstaben schreiben

Können Sie diese Wörter von S. 43 mit Großbuchstaben schreiben?

1. ναι ______
2. και ______
3. είμαι __________
4. οικογένεια ____________________
5. ούζο ________
6. αυτοκίνητο ____________________
7. αύριο __________
8. ευχαριστώ __________________
9. ευρώ ________
10. παϊδάκι ______________

3. Wörter einander zuordnen

Können Sie die folgenden Gräzismen zuordnen und mit Kleinbuchstaben aufschreiben?

1. Gynäkologe	___A	ΑΙΣΘΗΤΙΚΗ	_ _ _ _ _ _ _ _ ή
2. Autonomie	___B	ΑΚΟΥΣΤΙΚΗ	_ _ _ _ _ _ _ _ ή
3. Chirurg	___C	ΜΟΥΣΕΙΟ	_ _ _ _ _ ί _
4. Museum	___D	ΧΕΙΡΟΥΡΓΟΣ	_ _ _ _ _ _ _ _ ό _
5. Ästhetik	___E	ΟΙΚΟΝΟΜΙΑ	_ _ _ _ _ _ _ ί _
6. Archäologie	___F	ΜΟΥΣΙΚΗ	_ _ _ _ _ _ ή
7. Ökonomie	___G	ΨΕΥΔΩΝΥΜΟ	_ _ _ _ ώ _ _ _ _
8. Pseudonym	___H	ΟΥΤΟΠΙΑ	_ _ _ _ _ ί _
9. Akustik	___I	ΟΙΚΟΛΟΓΙΑ	_ _ _ _ _ _ _ ί _
10. Autobiographie	___J	ΑΥΤΟΝΟΜΙΑ	_ _ _ _ _ _ _ ί _
11. Enthusiasmus	___K	ΓΥΝΑΙΚΟΛΟΓΟΣ	_ _ _ _ _ _ _ _ ό _ _ _
12. Ökologie	___L	ΕΝΘΟΥΣΙΑΣΜΟΣ	_ _ _ _ _ _ _ _ _ _ ό _
13. Musik	___M	ΑΡΧΑΙΟΛΟΓΙΑ	_ _ _ _ _ _ _ _ _ ί _
14. Utopie	___N	ΑΥΤΟΒΙΟΓΡΑΦΙΑ	_ _ _ _ _ _ _ _ _ _ _ ί _
15. Astronaut	___O	ΟΛΟΚΑΥΤΩΜΑ	_ _ _ _ _ ύ _ _ _ _
16. Holocaust	___P	ΑΣΤΡΟΝΑΥΤΗΣ	_ _ _ _ _ _ _ ύ _ _ _

4. Wörter erkennen

Nachfolgend sehen Sie Bilder von verschiedenen griechischen Orten und typisch griechischen Produkten. Können Sie die Wörter mit Groß- und Kleinbuchstaben schreiben?

1.

_____ ______

__ó_ Θó___

Straße Tholou (Wegweiser)

2.

____

__________ί_

Apotheke

3.

__________ __________

Π_______άς Α__ό_____

Piräus (Gemeinde und Hafen in Attika) / Akropolis

4.

_________ _________

________ή _______ί_

Vorsicht, Schule

5.

__________ _______________

_______ύ__ Θ__________ί___

Sesamkringel aus Thessaloniki

Nachfolgend finden Sie die Buchstabenkombinationen für Konsonanten.

Buchstaben-kombination		Aussprache	Beispiel	Aussprache	Bedeutung
klein	groß				
μπ	**ΜΠ**	[b]	**μπ**α**μπ**άς	[babás]	Papa
ντ	**ΝΤ**	[d] [nd]	**ντ**ους πενή**ντ**α	[dus] [penínda]	Dusche fünfzig
γκ	**ΓΚ**	[g]	**γκ**ολφ	[golf]	Golf
γγ	**ΓΓ**	[g]	ά**γγ**ελος	[ágelos]	Engel
τσ	**ΤΣ**	[ts]	**τσ**άι	[tsái]	Tee
τζ	**ΤΖ**	[tz]	**τζ**α**τζ**ίκι	[tzatzíki]	Tzatziki

5. Wörter mit Großbuchstaben schreiben

Können Sie die o. g. Wörter mit Großbuchstaben schreiben?

1. μπαμπάς _ _ _ _ _ _ _
2. ντους _ _ _ _ _
3. πενήντα _ _ _ _ _ _ _
4. γκολφ _ _ _ _ _
5. άγγελος _ _ _ _ _ _ _
6. τζατζίκι _ _ _ _ _ _ _ _
7. τσάι _ _ _ Ϊ

Zum großen ι mit Trema siehe S. 43.

6. Wörter einander zuordnen

Können Sie die folgenden Wörter einander zuordnen und mit Kleinbuchstaben aufschreiben?

1. Akkordeon	___A	ΜΠΑΛΚΟΝΙ	_ _ _ _ _ ό _ _
2. Balkon	___B	ΠΙΤΣΑ	_ ί _ _ _
3. Spaghetti	___C	ΔΙΑΜΑΝΤΙ	_ _ _ _ ά _ _ _
4. Ball	___D	ΦΑΝΤΑΣΙΑ	_ _ _ _ _ _ _ ί _
5. Galerie	___E	ΜΠΑΛΑ	_ _ ά _ _
6. Pizza	___F	ΓΚΑΛΕΡΙ	_ _ _ _ _ _ ί
7. Video	__G	ΟΛΥΜΠΙΑ	Ο _ _ _ _ ί _
8. Antagonist	___H	ΑΚΟΡΝΤΕΟΝ	_ _ _ _ _ _ _ ό _
9. Diamant	___I	ΒΙΝΤΕΟ	_ ί _ _ _ _
10. Olympia	___J	ΣΥΜΠΑΘΕΙΑ	_ _ _ _ ά _ _ _ _
11. Phantasie	___K	ΣΠΑΓΓΕΤΙ	_ _ _ _ _ έ _ _
12. Sympathie	___L	ΑΝΤΑΡΚΤΙΚΗ	Α _ _ _ _ _ _ _ _ ή
13. evangelisch	___M	ΑΝΤΑΓΩΝΙΣΤΗΣ	_ _ _ _ _ _ _ _ _ _ ή _
14. Antarktis	___N	ΕΥΑΓΓΕΛΙΚΟΣ	_ _ _ _ _ _ _ _ _ ό _
15. Enzyklopädie	___O	ΠΑΝΤΟΜΙΜΑ	_ _ _ _ _ _ ί _ _
16. Pantomime	___P	ΕΓΚΥΚΛΟΠΑΙΔΕΙΑ	_ _ _ _ _ _ _ _ _ ί _ _ _ _

7. Wörter erkennen

Können Sie die Wörter auf den Wegweisern mit Groß- und Kleinbuchstaben schreiben?

1.

_ _ _ _ _ _ _   _ _ _ _ _ _ _ _

A _ _ _ ί _   O _ _ _ _ _ ί _

Antikes Olympia

2.

_ _ _ _ _ _ _   (nur das erste Wort)

_ έ _ _ _ _ _

Zentrum

3.

_ _ _ _ _ _ _ _ _ _

Σ ύ _ _ _ _ _ _ _

Syntagma

4.

_ _ _ _ _   _ _ _ _ _ _   _ _ _ _ _ _ _ _ _ _ _ _ _

_ _ ό _   A _ ί _ _   Φ _ _ _ _ _ ί _ _ _ _ _

Straße Agiou Fragiskou

5.

_ _ _ _ _ _ _ _ _ _ _   _ _ _ _ _ _ _ _ _ _ _ _

_ _ _ _ _ _ _ _ _ _ _ _ _

_ _ _ _ _ _ _ _ _ ί _   _ _ _ _ _ _ _ _ _ _ ί _

_ _ _ _ _ _ _ _ _ _ _ ί _

Polizei / Krankenhaus / Post

8. Deutsche Namen auf Griechisch

Wie sehen deutsche Namen auf Griechisch aus? Ordnen Sie die deutschen Namen ihren griechischen Entsprechungen zu.

1. Claudia	___A	Μπερντ
2. Dagmar	___B	Γκάμπι
3. Jan	___C	Ντάγκμαρ
4. Gabi	___D	Γιόχεν
5. Jochen	___E	Κλαούντια
6. Bernd	___F	Γιαν

Können Sie Ihren eigenen Namen auf Griechisch mit Groß- und Kleinbuchstaben aufschreiben?

________________________ ________________________

Nachfolgend sehen Sie, wie Sie sich vorstellen und Ihr Gegenüber nach dem Namen fragen.

Με λένε + Name.	[me léne] + Name	Ich heiße + Name.
Πώς σε λένε;	[pos se léne?]	Wie heißt du?
Πώς σας λένε;	[pos sas léne?]	Wie heißen Sie / heißt ihr?

Wortfelder

Basiswortschatz

γεια σου	[ja su]	hallo / tschüss (duzen)
γεια σας	[ja sas]	hallo / tschüss (siezen oder bei der Ansprache mehrerer Personen)
καλώς ήρθατε	[kalós rthate]	willkommen
καλημέρα	[kaliméra]	guten Morgen (bis etwa 14 Uhr)
καλησπέρα	[kalispéra]	guten Tag (ab etwa 14 Uhr)
καληνύχτα	[kaliníchta]	gute Nacht
Πώς σε λένε;	[pos se léne?]	Wie heißt du?
Πώς σας λένε;	[pos sas léne?]	Wie heißen Sie / heißt ihr?
Με λένε...	[me léne...]	Ich heiße...
Τι κάνεις;	[ti kánis?]	Wie geht es dir?
Τι κάνετε;	[ti kánete?]	Wie geht es Ihnen / euch?
Καλά, εσύ;	[kalá essí?]	Gut und dir?
Καλά, εσείς;	[kalá essís?]	Gut und Ihnen / euch?
Από πού είσαι;	[apó pu ísse?]	Woher kommst du?
Από πού είστε;	[apó pu íste?]	Woher kommen Sie / kommt ihr?
Είμαι από τη Γερμανία / την Αυστρία / την Ελβετία / την Ελλάδα / την Κύπρο.	[íme apó ti jermanía / tin afstría / tin elwetía / tin elátha / tin kípro]	Ich komme aus Deutschland / Österreich / der Schweiz / Griechenland / Zypern.
τα λέμε	[ta léme]	bis dann
Καλή όρεξη!	[kalí órexi!]	Guten Appetit!
Γεια μας!	[ja mas!]	Prost!
Τον λογαριασμό, παρακαλώ!	[ton lojarjasmó parakaló!]	Die Rechnung bitte!
ευχαριστώ	[efcharistó]	danke
παρακαλώ	[parakaló]	bitte sehr
όχι	[óchi]	nein
ναι	[ne]	ja
Ορίστε; Δεν το κατάλαβα.	[oríste? then to katálava]	Wie bitte? Ich habe es nicht verstanden.
Τι ώρα είναι; Είναι...	[ti óra íne? íne...]	Wie spät ist es? Es ist...
συγγνώμη	[sijnómi]	Entschuldigung

Πού είναι / έχει…, παρακαλώ;	[pu íne / échi… parakaló?]	Wo ist / gibt es… bitte?
το περίπτερο	[to períptero]	Kiosk
το σούπερ μάρκετ	[to súper márket]	Supermarkt
το μανάβικο	[to manáwiko]	Obst- und Gemüseladen
η αστυνομία	[i astinomía]	Polizei
ο φούρνος	[o fúrnos]	Bäckerei
το ζαχαροπλαστείο	[to zacharoplastío]	Konditorei
η καφετέρια	[i kafetéria]	Café
η ταβέρνα	[i tawérna]	Taverne
η ψησταριά	[i psistarjá]	Grilltaverne
το ξενοδοχείο	[to xenothochío]	Hotel
το κάμπινγκ	[to kámping]	Camping
το ενοικιαζόμενο δωμάτιο	[to enikjazómeno thomátio]	Fremdenzimmer
το πάρκινγκ	[to párking]	Parkplatz
το ταξί	[to taxí]	Taxi
η πλατεία	[i platía]	Platz (einer Stadt, eines Dorfes)
η παραλία	[i paralía]	Strand
το φαρμακείο	[to farmakío]	Apotheke
το θέατρο	[to théatro]	Theater
το βενζινάδικο	[to wenzináthiko]	Tankstelle
το μουσείο	[to mussío]	Museum
η εκκλησία	[i eklissía]	Kirche
η τουαλέτα	[i tualéta]	Toilette
το λιμάνι	[to limáni]	Hafen
η στάση του λεωφορείου	[i stássi tu leoforíu]	Bushaltestelle
Θα ήθελα…	[tha íthela…]	Ich hätte gerne…
Πόσο κάνει…;	[pósso káni…?]	Wieviel kostet…?
Κάνει…	[káni…]	Es kostet / Sie kosten…
το νερό	[to neró]	Wasser
ο φραπές	[o frapés]	Frappé
το σουβλάκι	[to suwláki]	Fleischspieß
η πίτα	[i píta]	Pita-Wrap / Blätterteigtasche
η χωριάτικη σαλάτα	[i chorjátiki saláta]	Bauernsalat
η φέτα	[i féta]	Feta
το τάβλι	[to táwli]	Backgammon
Καλό ταξίδι!	[kaló taxíthi]	Gute Reise!

1. Die Artikel

Im Griechischen gibt es drei Geschlechter:

	männlich		**weiblich**		**sächlich**	
Sg.	ο	[o]	η	[i]	το	[to]
Pl.	οι	[i]	οι	[i]	τα	[ta]

1. Wörter zuordnen

Können Sie die Wörter im Singular denen im Plural zuordnen?

1. το μάτι [máti] ___A οι ερωτήσεις
2. το όνομα [ónoma] ___B τα μάτια
3. η τιμή [timí] ___C οι παπάδες
4. ο παπάς [papás] ___D τα ονόματα
5. η ερώτηση [erótissi] ___E οι τιμές
6. το φόρεμα [fórema] ___F οι παραλίες
7. η παραλία [paralía] ___G τα φορέματα

2. Wörter mit Großbuchstaben schreiben

Schreiben Sie die jeweils zugehörigen Wörter aus Übung 1 mit Großbuchstaben auf!

1. ________________ ________________
2. ________________ ________________
3. ________________ ________________
4. ________________ ________________
5. ________________ ________________
6. ________________ ________________
7. ________________ ________________

2. Zahlen und Maßangaben

Kardinalzahlen

0	μηδέν	[mithén]	**30**	τριάντα	[triánda]
1	ένα	[éna]	**31**	τριάντα ένα	[triánda éna]
2	δύο	[thío]	**40**	σαράντα	[saránda]
3	τρία	[tría]	**50**	πενήντα	[penínda]
4	τέσσερα	[téssera]	**60**	εξήντα	[exínda]
5	πέντε	[pénde]	**70**	εβδομήντα	[ewdomínda]
6	έξι	[éxi]	**80**	ογδόντα	[ojthónda]
7	εφτά	[eftá]	**90**	ενενήντα	[enenínda]
8	οχτώ	[ochtó]	**100**	εκατό	[ekató]
9	εννιά	[eɲiá]	**101**	εκατόν ένα	[ekatón éna]
10	δέκα	[théka]	**150**	εκατόν πενήντα	[ekatón penínda]
11	έντεκα	[éndeka]	**200**	διακόσια	[thiakóssia]
12	δώδεκα	[thótheka]	**300**	τριακόσια	[triakóssia]
13	δεκατρία	[thekatría]	**400**	τετρακόσια	[tetrakóssia]
14	δεκατέσσερα	[thekatéssera]	**500**	πεντακόσια	[pendakóssia]
15	δεκαπέντε	[thekapénde]	**600**	εξακόσια	[exakóssia]
16	δεκαέξι	[thekaéxi]	**700**	εφτακόσια	[eftakóssia]
17	δεκαεφτά	[thekaeftá]	**800**	οχτακόσια	[ochtakóssia]
18	δεκαοχτώ	[thekaochtó]	**900**	εννιακόσια	[eɲiakóssia]
19	δεκαεννιά	[thekaeɲiá]	**1.000**	χίλια	[chíʎia]
20	είκοσι	[íkossi]	**2.000**	δύο χιλιάδες	[thío chiʎiáthes]
21	είκοσι ένα	[íkossi éna]	**1.000.000**	ένα εκατομμύριο	[éna ekatomírio]
25	είκοσι πέντε	[íkossi pénde]	**2.000.000**	δύο εκατομμύρια	[thío ekatomíria]

Maßangaben

το μισό	[missó]	Hälfte
το τέταρτο	[tétarto]	Viertel
το κομμάτι	[komáti]	Stück
το γραμμάριο, τα γραμμάρια	[jramário, jramária]	Gramm (Sg., Pl.)
το κιλό, τα κιλά	[kiló, kilá]	Kilo (Sg., Pl.)
το λίτρο, τα λίτρα	[lítro, lítra]	Liter (Sg., Pl.)
το εκατοστό, τα εκατοστά	[ekatostó, ekatostá]	Zentimeter (Sg., Pl.)
το μέτρο, τα μέτρα	[métro, métra]	Meter (Sg., Pl.)

Gut zu wissen:
Im Griechischen werden Zahlen in der Reihenfolge der aufgeführten Ziffern gelesen und nicht wie im Deutschen umgekehrt, z. B. 21 **είκοσι ένα** / *einundzwanzig*.

1. Zahlen ausschreiben

Schreiben Sie die folgenden Zahlen aus!

1. 5 ______________________
2. 9 ______________________
3. 16 ______________________
4. 22 ______________________
5. 36 ______________________
6. 55 ______________________
7. 102 ______________________
8. 250 ______________________
9. 500 ______________________
10. 1.000 ______________________

2. Mengenangaben übersetzen

Schreiben Sie die Zahlen und die Mengenangaben im Griechischen aus.

1. 300 g ______________________
2. 3 kg ______________________
3. 2 l ______________________

3. Uhrzeit

Τι ώρα είναι; [ti óra íne] Wie spät ist es?

Είναι ... [íne] Es ist ...

Die Uhrzeit gibt man im Griechischen wie folgt an:

8:10 Uhr	οχτώ **και** δέκα	[ochtó ke théka]	nach
10:30 Uhr	δέκα **και μισή**	[théka ke missí]	30 Minuten nach
5:40 Uhr	έξι **παρά** είκοσι	[éxi pará íkossi]	vor
9:15 Uhr	εννιά **και τέταρτο**	[eɲiá ke tétarto]	Viertel nach
2:45 Uhr	τρεις **παρά τέταρτο**	[tris pará tétarto]	Viertel vor

Gut zu wissen:
Im mündlichen Sprachgebrauch benutzt man im Griechischen die 12-Stunden-Einteilung.

1. Uhrzeit angeben

Können Sie die Uhrzeiten in den nachfolgenden Bildern den jeweiligen Sätzen zuordnen?

1. 
2. 
3. 
4. 
5. 
6. 

___A Είναι πέντε και πέντε.

___B Είναι δέκα παρά τέταρτο.

___C Είναι δέκα.

___D Είναι μία και μισή.

___E Είναι έξι και είκοσι πέντε.

___F Είναι οχτώ και τέταρτο.

4. Wochentage und Zeitausdrücke

Wochentage

η μέρα	[méra]	Tag
η Δευτέρα	[theftéra]	Montag
η Τρίτη	[tríti]	Dienstag
η Τετάρτη	[tetárti]	Mittwoch
η Πέμπτη	[pémpti]	Donnerstag
η Παρασκευή	[paraskewí]	Freitag
το Σάββατο	[sáwato]	Samstag
η Κυριακή	[kiriakí]	Sonntag
το Σαββατοκύριακο	[sawatokíriako]	Wochenende

Zeitausdrücke

το πρωί	[proí]	Morgen
το μεσημέρι	[messiméri]	Mittag
το απόγευμα	[apójewma]	Nachmittag
το βράδυ	[wráthi]	Abend
η νύχτα	[níchta]	Nacht
χθες	[chthes]	gestern
σήμερα	[símera]	heute
αύριο	[áwrio]	morgen

1. Zeitangaben

Übersetzen Sie wie in den Beispielen!

1. Heute ist Dienstag. Σήμερα είναι Τρίτη.
2. Heute ist Freitag. ____________________
3. Morgen ist Donnerstag. ____________________
4. heute Morgen σήμερα πρωί
5. gestern Abend ________________
6. Sonntagmorgen Κυριακή πρωί
7. Dienstagmittag ________________

5. Monate und Jahreszeiten

Monate

ο Ιανουάριος	[ianuários]	Januar
ο Φεβρουάριος	[fewruários]	Februar
ο Μάρτιος	[mártios]	März
ο Απρίλιος	[aprílios]	April
ο Μάιος	[máios]	Mai
ο Ιούνιος	[iúnios]	Juni
ο Ιούλιος	[iúlios]	Juli
ο Αύγουστος	[áwjustos]	August
ο Σεπτέμβριος	[septémwrios]	September
ο Οκτώβριος	[októwrios]	Oktober
ο Νοέμβριος	[noémwrios]	November
ο Δεκέμβριος	[thekémwrios]	Dezember

1. Jahreszeiten

Können Sie die Monate mit Großbuchstaben bei der zugehörigen Jahreszeit aufschreiben?

ο χειμώνας [chimónas]

____

____

____

το καλοκαίρι [kalokéri]

____

____

____

η άνοιξη [ánixi]

____

____

____

το φθινόπωρο [fthinóporo]

____

____

____

6. Farben

1. Farben zuordnen

Farbbezeichnungen stammen teilweise aus anderen Sprachen und sind unveränderlich. Können Sie die Farben in der Wortschlange erkennen und mit Kleinbuchstaben schreiben?

ΡΟΖΜΠΕΖΓΚΡΙΜΠΛΕ

1. beige ____________________ 3. blau ____________________

2. grau ____________________ 4. rosa ____________________

Weitere Farbbezeichnungen sind:

πράσινος / πράσινη / πράσινο	[prássinos / prássini / prássino]	grün
μαύρος / μαύρη / μαύρο	[máwros / máwri / máwro]	schwarz
άσπρος / άσπρη / άσπρο	[áspros / áspri / áspro]	weiß

Wichtig:
Im Griechischen haben Adjektive drei Geschlechter (männlich / weiblich / sächlich).

2. Farben-Kreuzworträtsel

Können Sie im Kreuzworträtsel die jeweiligen Farben mit Großbuchstaben aufschreiben?

1. blau 2. beige 3. rosa 4. schwarz (sächlich)

3 ↓

4 →
1 ↓

2 →

7. Kleidung

Kleidungsstücke und Accessoires

η μπλούζα	[blúza]	Shirt
το πουκάμισο	[pukámisso]	Hemd, Bluse
η ζακέτα	[zakéta]	Strickjacke
το σορτς	[sorts]	Shorts
το παντελόνι	[pandelóni]	Hose
η φούστα	[fústa]	Rock
το φόρεμα	[fórema]	Kleid
το μπουφάν	[bufán]	Jacke
οι κάλτσες	[káltses]	Socken
το καλσόν	[kalssón]	Strumpfhose
τα εσώρουχα	[essórucha]	Unterwäsche
το μπικίνι	[bikíni]	Bikini
το μαγιό για άντρες	[majó ja ándres]	Badehose
τα γυαλιά	[jiaʎiá]	Brille
το καπέλο	[kapélo]	Hut
η ζώνη	[zóni]	Gürtel
οι σαγιονάρες	[sajonáres]	Flip-Flops
τα σανδάλια	[santháʎia]	Sandalen
τα παπούτσια	[papútsia]	Schuhe
η τσάντα	[tsánda]	Tasche
τα σκουλαρίκια	[skularíkia]	Ohrringe
το δαχτυλίδι	[thachtilíthi]	Ring
το κολιέ	[koʎié]	Halskette

1. Bild-Wort-Zuordnung

Schreiben Sie die entsprechenden Wörter unter die Bilder.

1. 

____

2. 

____

3. 

____

4. 

____

8. Körper

Körperteile

το πρόσωπο	[próssopo]	Gesicht	ο λαιμός	[lemós]	Hals
το μέτωπο	[métopo]	Stirn	το στήθος	[stíthos]	Brust
το αυτί	[aftí]	Ohr	το χέρι	[chéri]	Hand / Arm
το φρύδι	[fríthi]	Augenbraue	το δάχτυλο	[tháchtilo]	Finger / Zeh
το μάτι	[máti]	Auge	η κοιλιά	[kiʎiá]	Bauch
η μύτη	[míti]	Nase	η πλάτη	[pláti]	Rücken
το στόμα	[stóma]	Mund	το πόδι	[póthi]	Bein
τα χείλη	[chíli]	Lippen	το γόνατο	[jónato]	Knie
το δόντι	[thóndi]	Zahn	η πατούσα	[patússa]	Fußsohle
το σαγόνι	[sajóni]	Kinn	η φτέρνα	[ftérna]	Ferse

1. Bild-Wort-Zuordnung

Können Sie bei der folgenden Statue die entsprechenden Wörter aufschreiben?

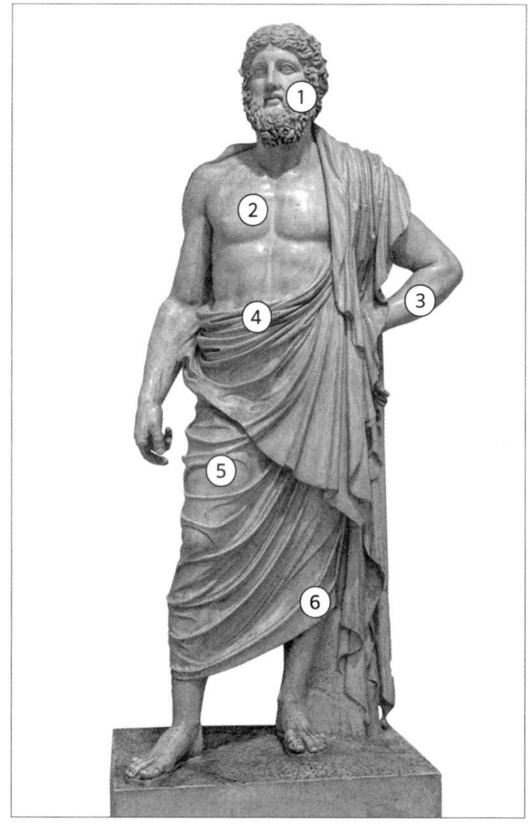

1. ______________________

2. ______________________

3. ______________________

4. ______________________

5. ______________________

6. ______________________

9. Namen

In Griechenland werden bei Kindern teilweise die Namen der Großeltern übernommen. Besonders häufig kommen dabei folgende Namen vor:

Männlich		**Weiblich**	
Ιωάννης	[ioánis]	Ιωάννα	[ioána]
Γεώργιος	[jeórjios]	Γεωργία	[jeorjía]
Κωνσταντίνος	[konstandínos]	Κωνσταντίνα	[konstandína]
Παναγιώτης	[panajótis]	Παναγιώτα	[panajóta]
Χρήστος	[chrístos]	Χριστίνα	[christína]
Μάριος	[mários]	Μαρία	[maría]
Βασίλης	[vassílis]	Βασιλική	[vassilikí]
Δημήτριος	[thimítrios]	Δήμητρα	[thímitra]
Νικόλαος	[nikólaos]	Ελένη	[eléni]
Αριστοτέλης	[aristotélis]	Άννα	[ána]

1. Zuordnung von Namen

Sehr oft werden andere gebräuchlichere Formen der Vornamen verwendet. Können Sie die entsprechenden Namen zuordnen?

1. Νίκος [níkos] ___A Κωνσταντίνα
2. Πάνος [pános] ___B Παναγιώτης
3. Γιώργος [jórjos] ___C Γεώργιος
4. Ντίνα [dína] ___D Νικόλαος
5. Γιάννα [jána] ___E Ιωάννα

2. Griechische und deutsche Namen

Viele griechische Namen ähneln deutschen Namen bzw. sind gleich. Können Sie die Namen in der Wortschlange erkennen und mit Kleinbuchstaben aufschreiben?

ΜΑΡΙΑΜΙΧΑΛΗΣΠΕΤΡΟΣΕΛΕΝΗΑΝΝΑΓΙΩΡΓΟΣ

1. Peter ______________________ 4. Georg ______________________

2. Michael ______________________ 5. Maria ______________________

3. Helene ______________________ 6. Anna ______________________

10. Familie

In Griechenland spielt die Familie eine große Rolle. Nachfolgend sehen Sie die wichtigsten Bezeichnungen für Familienmitglieder und einen Stammbaum der engsten Familienmitglieder.

η οικογένεια	[ikojénia]	Familie
οι συγγενείς	[sigenís]	Verwandte
ο άντρας	[ándras]	Mann
η γυναίκα	[jinéka]	Frau
το παιδί	[pethí]	Kind
αδερφός και αδερφή	[atherfós ke atherfí]	Bruder und Schwester
το εγγόνι	[egóni]	Enkelkind

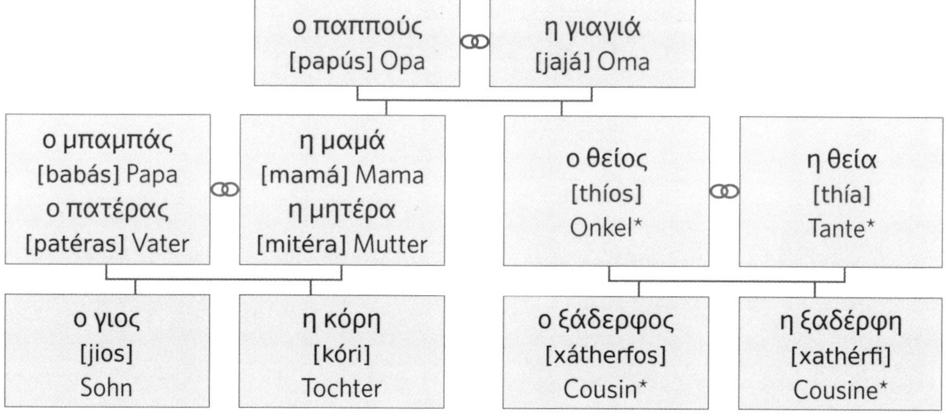

* Aus der Sicht des Sohnes / der Tochter.

1. Schreibübung

Nachfolgend sehen Sie die Personen einer Familie.

Γιώργος (ο παππούς) Μαρία (η γιαγιά)
Νίκος (ο μπαμπάς) Άννα (η μαμά)
Παναγιώτης (ο γιος)

Mann oder Frau? Schreiben Sie das richtige griechische Wort auf.

1. Άννα: ________________ 2. Νίκος: ________________

Was ist Παναγιώτης für Μαρία?

3. ________________

11. Wohnen

Formen des Wohnens

το διαμέρισμα	[thiamérisma]	Wohnung
το εξοχικό	[exochikó]	Ferienhaus
το σπίτι	[spíti]	Haus
το ισόγειο	[issójio]	Erdgeschoss
ο πρώτος / δεύτερος όροφος	[prótos / théfteros órofos]	1. / 2. Stockwerk

Räumlichkeiten

το υπνοδωμάτιο	[ipnothomátio]	Schlafzimmer
το γραφείο	[jrafío]	Büro
η σκάλα	[skála]	Treppe
ο κήπος	[kípos]	Garten

Möbel

το κρεβάτι	[krewáti]	Bett
η ντουλάπα	[dulápa]	Schrank
η μπανιέρα	[baɲiéra]	Bad
ο καθρέφτης	[kathréftis]	Spiegel
το τραπέζι	[trapézi]	Tisch
η καρέκλα	[karékla]	Stuhl
το ψυγείο	[psijío]	Kühlschrank

1. Wort-Wort-Zuordnung

Nachfolgend sehen Sie weitere Räumlichkeiten und Möbel. Können Sie sie in der Wortschlange erkennen und mit Kleinbuchstaben aufschreiben?

ΚΑΝΑΠΕΣΣΑΛΟΝΙΤΟΥΑΛΕΤΑΜΠΑΝΙΟΚΟΥΖΙΝΑΜΠΑΛΚΟΝΙ

1. Toilette	η ______________		4. Wohnzimmer	το ______________	
2. Küche	η ______________		5. Sofa	ο ______________	
3. Balkon	το ______________		6. Badezimmer	το ______________	

12. Freizeit

Sportarten

το ποδόσφαιρο	[pothósfero]	Fußball
το μπάσκετ	[básket]	Basketball
το βόλεϊ	[wólei]	Volleyball
το τένις	[ténis]	Tennis
η γυμναστική	[jimnastikí]	Gymnastik
το τρέξιμο	[tréximo]	Laufen
η πεζοπορία	[pezoporía]	Wandern
ο χορός	[chorós]	Tanzen
η ποδηλασία	[pothilassía]	Radfahren
η κολύμβηση	[kolímwissi]	Schwimmen
η κωπηλασία	[kopilassía]	Rudern
το σκι	[ski]	Skisport

1. Bild-Wort-Zuordnung

Schreiben Sie die entsprechenden Sportarten unter die Bilder.

1. 

____

2. 

____

3. 

____

4. 

____

5. 

____

6. 

____

7. 

____

8. 

____

Musikinstrumente

η κιθάρα	[kithára]	Gitarre
το πιάνο	[piáno]	Klavier
το βιολί	[wiolí]	Geige
τα ντραμς	[drams]	Schlagzeug
το μπουζούκι	[buzúki]	Bouzouki
ο μπαγλαμάς	[bajlamás]	Baglamas
η λύρα	[líra]	Lyra
το φλάουτο	[fláuto]	Querflöte
το σαξόφωνο	[saxófono]	Saxofon
το κλαρινέτο	[klarinéto]	Klarinette

2. Bild-Wort-Zuordnung

Schreiben Sie die entsprechenden Musikinstrumente unter die Bilder.

1. 
____

2. 
____

3. 
____

4. 
____

5. 
____

6. 
____

7. 
____

8. 
____

Gut zu wissen:
Rebetiko (το ρεμπέτικο) ist eine der populärsten griechischen Musikrichtungen und wird v. a. in Lokalen mit Live-Musik gespielt. Thema sind die Sorgen und Erfahrungen einfacher Leute, Instrumente sind u. a.: το μπουζούκι, η κιθάρα und ο μπαγλαμάς. 2017 wurde der Rebetiko in die UNESCO-Liste des Immateriellen Kulturerbes aufgenommen.

Freizeiteinrichtungen und -aktivitäten

ο ελεύθερος χρόνος	[eléftheros chrónos]	Freizeit
το χόμπι	[chóbi]	Hobby
το καφενείο	[kafenío]	Café (meist für ältere Männer)
το μπουζουξίδικο	[buzuxíthiko]	Lokal mit moderner griech. Live-Musik
η συναυλία	[sinawlía]	Konzert
η έκθεση	[ékthessi]	Ausstellung
η εκδρομή	[ekthromí]	Ausflug
το γήπεδο	[jípetho]	Stadion
ο ζωολογικός κήπος	[zoolojikós kípos]	Zoo
το τάβλι	[táwli]	Backgammon
βλέπω τηλεόραση	[wlépo tileórassi]	fernsehen
διαβάζω βιβλίο	[thiawázo wiwlío]	ein Buch lesen
ακούω μουσική	[akúo mussikí]	Musik hören

3. Bild-Wort-Zuordnung

Finden Sie weitere Wörter zum Thema Freizeit in der Wortschlange und schreiben Sie sie mit Kleinbuchstaben auf.

ΚΑΦΕΤΕΡΙΑΣΙΝΕΜΑΘΕΑΤΡΟΠΑΡΚΟΤΑΒΕΡΝΑΜΟΥΣΕΙΟ

ΠΑΙΖΩΒΙΝΤΕΟΠΑΙΧΝΙΔΙΑΣΕΡΦΑΡΩΣΤΟΙΝΤΕΡΝΕΤ (je mehrere Wörter)

1. 

____

2. _______________

3. 
____

4. 
____

5. _______________

6. 
____

7. 
____

8. 
____

13. Tiere

ο σκύλος	[skílos]	Hund
η γάτα	[játa]	Katze
το άλογο	[álojo]	Pferd
ο γάιδαρος	[jáitharos]	Esel
το κατσίκι	[katsíki]	Ziege
το γουρούνι	[jurúni]	Schwein
η αγελάδα	[ajelátha]	Kuh
το πρόβατο	[prówato]	Schaf
η κότα	[kóta]	Huhn
η γαλοπούλα	[jalopúla]	Pute
η πάπια	[pápia]	Ente
η αλεπού	[alepú]	Fuchs
το ποντίκι	[pondíki]	Maus
η χελώνα	[chelóna]	Schildkröte
το φίδι	[fíthi]	Schlange
το πουλί	[pulí]	Vogel
το ψάρι	[psári]	Fisch
το δελφίνι	[thelfíni]	Delfin
η μέδουσα	[méthussa]	Qualle
το σκουλήκι	[skulíki]	Wurm
η μύγα	[míja]	Fliege
το κουνούπι	[kunúpi]	Mücke
η μέλισσα	[mélissa]	Biene
το μυρμήγκι	[mirmígi]	Ameise
η αράχνη	[aráchni]	Spinne
η πεταλούδα	[petalútha]	Schmetterling

1. Bild-Wort-Zuordnung

Schreiben Sie die entsprechenden Tiernamen unter die Bilder.

1. __________

2. __________

3. __________

4. 
____

5. 
____

6. 
____

7. 
____

8. 
____

14. Geschäfte und Märkte

το κατάστημα	[katástima]	Geschäft
το περίπτερο	[períptero]	Kiosk
το αρτοποιείο	[artopiío]	Bäckerei (Betriebsschild)
ο φούρνος	[fúrnos]	Bäckerei (beim Sprechen)
το ζαχαροπλαστείο	[zacharoplastío]	Konditorei
το σούπερ μάρκετ	[súper márket]	Supermarkt
το μανάβικο	[manáwiko]	Obst- und Gemüsehändler
το ιχθυοπωλείο	[ichthiopolío]	Fischgeschäft
το κρεοπωλείο	[kreopolío]	Metzgerei
η λαϊκή αγορά	[laikí ajorá]	Wochenmarkt
το ανθοπωλείο	[anthopolío]	Blumengeschäft
το φαρμακείο	[farmakío]	Apotheke
το κατάστημα ρούχων	[katástima rúchon]	Bekleidungsgeschäft
το κομμωτήριο	[komotírio]	Friseur
το χρυσοχοείο	[chrissochoío]	Juweliergeschäft
το καθαριστήριο	[katharistírio]	Reinigung
το βιβλιοπωλείο	[wiwliopolío]	Buchhandlung

1. Bild-Wort-Zuordnung

In welchen Geschäften kann man die folgenden Waren kaufen? Schreiben Sie die entsprechenden Wörter auf.

1. 

____

2. 

____

15. Lebensmittel

Obst

το καρπούζι	[karpúzi]	Wassermelone	τα σταφύλια	[stafília]	Weintrauben
το πεπόνι	[pepóni]	Honigmelone	το πορτοκάλι	[portokáli]	Orange
το αχλάδι	[achláthi]	Birne	το δαμάσκηνο	[thamáskino]	Pflaume
το μήλο	[mílo]	Apfel	η φράουλα	[fráula]	Erdbeere
το ροδάκινο	[rothákino]	Pfirsich	το ρόδι	[róthi]	Granatapfel
το βερίκοκο	[werίkoko]	Aprikose	το ακτινίδιο	[aktiníthio]	Kiwi
το κεράσι	[kerássi]	Süßkirsche	το σύκο	[síko]	Feige

Gemüse

η πιπεριά	[piperiá]	Paprika	το παντζάρι	[pantzári]	Rote Bete
το αγγούρι	[agúri]	Gurke	το μανιτάρι	[manitári]	Champignon
το κρεμμύδι	[kremíthi]	Zwiebel	το μαρούλι	[marúli]	Salat
η ελιά	[eʎiá]	Olive	τα χόρτα	[chórta]	Wildgemüse
η μελιτζάνα	[melitzána]	Aubergine	το σκόρδο	[skórtho]	Knoblauch
το κολοκυθάκι	[kolokitháki]	Zucchini	η πατάτα	[patáta]	Kartoffel

1. Wort-Wort-Zuordnung

Nachfolgend sehen Sie weitere Obst- und Gemüsesorten. Können Sie sie in der Wortschlange erkennen und mit Kleinbuchstaben aufschreiben?

ΝΕΚΤΑΡΙΝΙΝΤΟΜΑΤΑΜΑΝΤΑΡΙΝΙΚΑΡΟΤΟΑΝΑΝΑΣΜΠΡΟΚΟΛΟΛΕΜΟΝΙΣΠ
ΑΝΑΚΙ

1. Ananas ο ______________
2. Karotte το ______________
3. Spinat το ______________
4. Brokkoli το ______________
5. Nektarine το ______________
6. Zitrone το ______________
7. Mandarine το ______________
8. Tomate η ______________

Backwaren

το ψωμί	[psomí]	Brot
το άσπρο ψωμί	[áspro psomí]	Weißbrot
το ψωμί ολικής άλεσης	[psomí olikís álessis]	Vollkornbrot
το ψωμάκι	[psomáki]	Brötchen
η φρυγανιά	[frijaɲiá]	Zwieback
το κουλούρι	[kulúri]	Sesamkringel
το κουλουράκι	[kuluráki]	Gebäck
το τσουρέκι	[tsuréki]	Hefezopf
η τυρόπιτα	[tirópita]	Käsepastete
η σπανακόπιτα	[spanakópita]	Spinatpastete
η μπουγάτσα	[bujátsa]	Vanillecreme-Blätterteigtasche

Süßwaren

το γλυκό	[jlikó]	Kuchen und Gebäck
το κέικ	[kéik]	Kuchen
τα σιροπιαστά	[siropiastá]	Süßspeisen mit Sirup
ο μπακλαβάς	[baklawás]	Baklava
το κανταΐφι	[kadaífi]	Kantaifi (Teigfäden, Walnuss und Sirup)
το ραβανί	[rawaní]	in Sirup getränkter Grießkuchen
το παστέλι	[pastéli]	Sesamriegel
ο χαλβάς	[chalwás]	Sesam-Halva
το γλυκό του κουταλιού	[jlikó tu kutaʎiú]	in Sirup eingekochte Früchte
το λουκούμι	[lukúmi]	Loukoumi
το γιαούρτι με μέλι	[jiaúrti me méli]	Joghurt mit Honig
το παγωτό	[pajotó]	Eis
το κομμάτι (γλυκό)	[komáti (jlikó)]	Stück (Kuchen)

2. Bild-Wort-Zuordnung

In den nachfolgenden Bildern sehen Sie Back- und Süßwaren. Können Sie sie zuordnen?

1. 

2. 

3. 

___A το κουλούρι

___B το γιαούρτι με μέλι

___C το κανταΐφι

Fisch und Meeresfrüchte

η σαρδέλα	[sarthéla]	Sardine
ο γαύρος	[jávros]	europäische Sardelle
η αθερίνα	[atherína]	großer Ährenfisch
η μαρίδα	[marítha]	Schnauzenbrasse
τα καλαμαράκια	[kalamarákia]	Calamari
οι γαρίδες	[jaríthes]	Garnelen
η τσιπούρα	[tsipúra]	Goldbrasse
ο μπακαλιάρος	[bakaʎiáros]	Kabeljau
το χταπόδι	[chtapóthi]	Oktopus
η κουτσομούρα	[kutsomúra]	Rotbarbe
το μπαρμπούνι	[barbúni]	Streifenbarbe
το λαβράκι	[lawráki]	europäischer Wolfsbarsch
η γλώσσα	[jlóssa]	Seezunge
η σουπιά	[supiá]	Sepia
ο τόνος	[tónos]	Thunfisch
ο σολομός	[solomós]	Lachs
ο αστακός	[astakós]	Hummer
τα μύδια	[míthia]	Miesmuscheln
ο αχινός	[achinós]	Seeigel

3. Bild-Wort-Zuordnung

Schreiben Sie die entsprechenden Meeresfrüchtebezeichnungen unter die Bilder.

1. ____________

2. ____________

3. 

____

4. 

____

Fleisch

το χοιρινό κρέας	[chirinó kréas]	Rindfleisch
το μοσχαρίσιο κρέας	[moscharíssio kréas]	Kalbsfleisch
το αρνίσιο κρέας	[arníssio kréas]	Lammfleisch
το κατσικίσιο κρέας	[katsikíssio kréas]	Ziegenfleisch
η μπριζόλα	[brizóla]	Steak
το παϊδάκι	[paitháki]	Rippchen
το σουβλάκι	[suwláki]	Souvlaki
ο γύρος	[jíros]	Gyros
το κοτόπουλο	[kotópulo]	Hühnchen
το λουκάνικο	[lukániko]	Wurst
το φιλέτο	[filéto]	Filet
η πανσέτα	[pansséta]	Bauchspeck
η πίτα με γύρο / σουβλάκι*	[píta me jíro / suwláki]	Pita-Wrap mit Gyros / Souvlaki

* Die Bezeichnung für το σουβλάκι variiert regional, in Athen sagt man το καλαμάκι [to kalamáki] für το σουβλάκι. Um sicherzugehen, fragt man am besten nach.

4. Bild-Wort-Zuordnung

Schreiben Sie die passenden Begriffe unter die Bilder.

1.  ____________

2. ____________

3.  ____________

4. 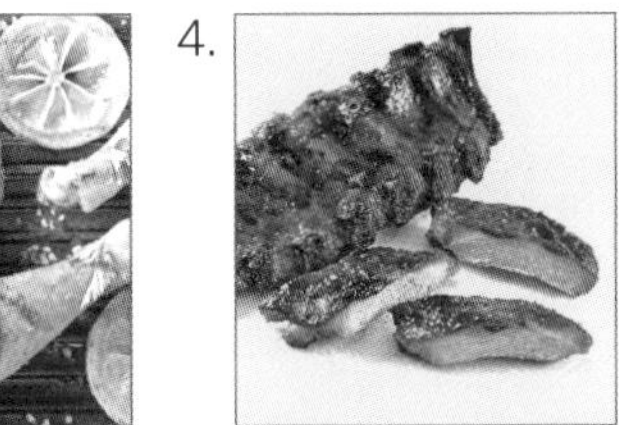 ____________

5.  ____________

6.  ____________

7.  ____________

8. 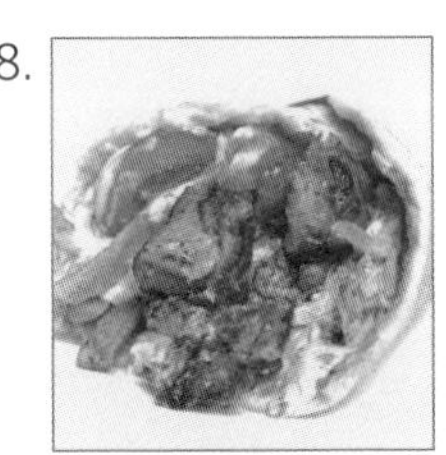 ____________

Kräuter

ο μαϊντανός	[maidanós]	Petersilie
το φασκόμηλο	[faskómilo]	Salbei
η μέντα	[ménda]	Minze
ο άνηθος	[ánithos]	Dill
ο μάραθος	[márathos]	Fenchel
το θυμάρι	[thimári]	Thymian
το δεντρολίβανο	[thendrolíwano]	Rosmarin

Nüsse und Trockenobst

το καρύδι	[caríthi]	Walnuss
η σταφίδα	[stafítha]	Rosine
το αμύγδαλο	[amíjthalo]	Mandel
το φιστίκι Αιγίνης	[fistíki ejínis]	Pistazie aus Ägina

Weitere Lebensmittel

το πιπέρι	[pipéri]	Pfeffer
το αλάτι	[aláti]	Salz
το ελαιόλαδο	[eleólatho]	Olivenöl
το ξίδι	[xíthi]	Essig

5. Lebensmittelsorten

Nachfolgend sehen Sie weitere Lebensmittel aus den o.g. Bereichen. Können Sie sie zuordnen und anschließend mit Großbuchstaben aufschreiben?

1. ο βασιλικός	[wassilikós]	___A	Kastanie
2. το κάστανο	[kástano]	___B	Kaper
3. το σαφράν	[safrán]	___C	Chios-Mastix
4. η κάπαρη	[kápari]	___D	Basilikum
5. η μαστίχα Χίου	[mastícha chíu]	___E	Oregano
6. η ρίγανη	[ríjani]	___G	Safran

1. ____________________ 2. ____________________

3. ____________________ 4. ____________________

5. ____________________ 6. ____________________

16. Getränke

το νερό	[neró]	Wasser
το νερό με ανθρακικό	[neró me anthrakikó]	Wasser mit Kohlensäure
ο καφές	[kafés]	Kaffee
ο ελληνικός καφές	[elinikós kafés]	Mokka
με / χωρίς γάλα	[me / chorís jála]	mit / ohne Milch
με λίγο γάλα	[me líjo jála]	mit etwas Milch
με / χωρίς ζάχαρη	[me / chorís záchari]	mit / ohne Zucker
με λίγη ζάχαρη	[me líji záchari]	mit etwas Zucker
το τσάι του βουνού	[tsái tu wunú]	Bergtee
ο χυμός	[chimós]	Saft
ο φυσικός χυμός	[fissikós chimós]	frisch gepresster Saft
το αλκοολούχο ποτό	[alkoolúcho potó]	alkoholisches Getränk
η μπίρα	[bíra]	Bier
το κόκκινο κρασί	[kókino krassí]	Rotwein
το λευκό κρασί	[lefkó krassí]	Weißwein
το τσίπουρο	[tsípuro]	Tresterschnaps
η ρετσίνα	[retsína]	weißer, trockener, griechischer Wein mit Harz versetzt
το ρακόμελο	[rakómelo]	Tresterschnaps mit Honig
ένα ποτήρι (κρασί)	[éna potíri (krassí)]	ein Glas (Wein)
ο μεζές	[mezés]	Mez(z)e (meist mit alkoholischen Getränken serviert)

1. Wort-Wort-Zuordnung

Finden Sie weitere Getränke in der Wortschlange und schreiben Sie sie mit Kleinbuchstaben auf.

ΣΟΔΑΜΕΤΑΞΑΦΡΑΠΕΣΤΣΑΪΟΥΖΟΡΑΚΗ

1.	Ouzo	το ______________
2.	Frappé	ο ______________
3.	Soda	η ______________
4.	Metaxa	το ______________
5.	Raki	η ______________
6.	Tee	το ______________

17. Griechische Gerichte

Salate

η χωριάτικη σαλάτα	[choriátiki saláta]	Bauernsalat
τα χόρτα	[chórta]	Wildgemüse
η πολίτικη σαλάτα	[polítiki saláta]	Kohlsalat
ο κρητικός ντάκος	[kritikós dákos]	kretischer Brotsalat

Käsesorten

η φέτα	[féta]	Feta
η γραβιέρα	[jrawiéra]	eine Art Hartkäse
το κεφαλοτύρι	[kefalotíri]	eine Art salziger Hartkäse
το κασέρι	[kasséri]	eine Art leicht salziger Hartkäse
η μυζήθρα	[mizíthra]	eine Art Weichkäse
το χαλούμι	[chalúmi]	zypriotischer Käse

1. Bild-Wort-Zuordnung

Sehr beliebt ist in Griechenland der Bauernsalat, den Sie im nachfolgenden Bild sehen. Können Sie die entsprechenden Zutaten aufschreiben (s. S. 70 und 74)?

1. ____________________ 2. ____________________

3. ____________________ 4. ____________________

5. ____________________ 6. ____________________

7. ____________________ 8. ____________________

9. ____________________

2. Eine griechische Speisekarte

Sie sehen griechische Vorspeisen (τα ορεκτικά), Hauptspeisen (τα κυρίως πιάτα) und Nachtische (τα επιδόρπια). Können Sie die jeweiligen Kategorien mit Großbuchstaben im Menü aufschreiben?

1. ______________________________

ο τραχανάς	[trachanás]	Suppe mit einer Getreideart aus Mehl und Milchprodukten
η φασολάδα	[fassolátha]	Bohnensuppe
το μπριάμ φούρνου	[briám fúrnu]	Gemüse und Kartoffeln im Ofen
τα γεμιστά	[jemistá]	gefüllte Paprika und Tomaten
ο μουσακάς	[mussakás]	Moussaka
το παστίτσιο	[pastítsio]	Nudel-Hackfleischauflauf
τα παπουτσάκια	[paputsákia]	gefüllte Auberginen
τα ντολμαδάκια	[dolmathákia]	gefüllte Weinblätter
το μπιφτέκι	[biftéki]	Frikadelle
η γαριδομακαρονάδα	[jarithomakaronátha]	Nudeln mit Garnelen
η ποικιλία κρεατικών	[pikilía kreatikón]	gemischte Fleischplatte
η ποικιλία θαλασσινών	[pikilía thalassinón]	gemischte Meeresfrüchteplatte

2. ______________________________

το γιαούρτι με μέλι	[jiaúrti me méli]	Joghurt mit Honig
το γλυκό του κουταλιού	[jlikó tu kutaʎiú]	in Sirup eingekochte Früchte
ο μπακλαβάς	[baklawás]	Baklava

3. ______________________________

το τζατζίκι	[tzatzíki]	Tzatziki
η φέτα σαγανάκι	[féta sajanáki]	gegrillter / gebratener Feta
η τυροκαυτερή	[tirokafterí]	scharfe Käsecreme
η σκορδαλιά	[skorthaʎiá]	Knoblauchcreme
η ταραμοσαλάτα	[taramossaláta]	Fischrogencreme
οι τηγανητές πατάτες	[tijanités piperiés]	Pommes frites
τα τηγανητά κολοκυθάκια	[tijanitá kolokithákia]	gebratene Zucchini
οι κολοκυθοκεφτέδες	[kolokithokeftéthes]	Zucchinikroketten
τα φασόλια γίγαντες	[fassóʎia jíjandes]	Riesenbohnen

18. Wissenschaften und Künste

1. Wort-Wort-Zuordnung

Wissenschaftsbereiche sind zu einem großen Teil Gräzismen. Können Sie sie zuordnen?

1.	τα μαθηματικά	[mathimatiká]	___A	Architektur
2.	η φυσική	[fissikí]	___B	Musik
3.	η μηχανική	[michanikí]	___C	Orthopädie
4.	η γενετική	[jenetikí]	___D	Mechanik
5.	η ορθοπεδική	[orthopethikí]	___E	Genetik
6.	η μουσική	[mussikí]	___F	Physik
7.	η χημεία	[chimía]	___G	Chemie
8.	η παιδαγωγική	[pethajojikí]	___H	Meteorologie
9.	η μετεωρολογία	[meteorolojía]	___I	Mathematik
10.	η θεολογία	[theolojía]	___J	Archäologie
11.	η αρχιτεκτονική	[architektonikí]	___K	Pädagogik
12.	η αρχαιολογία	[archeolojía]	___L	Philosophie
13.	η φιλοσοφία	[filossofía]	___M	Theologie

2. Schreibübung

Die nachfolgenden Wissenschaftsbereiche werden ähnlich zum Deutschen geschrieben. Können Sie sie aufschreiben?

1.	Biologie	[wiolojía]	η βιολογία
2.	Psychologie	[psicholojía]	η __ υ __ __ __ __ __ __ __ __
3.	Astronomie	[astronomía]	η __ __ __ __ __ __ __ __ __ __
4.	Geographie	[jeojrafía]	η __ __ ω __ __ __ __ __ __

3. Wörter erkennen

Auch in der Politik gibt es viele Gräzismen. Können Sie die griechischen Wörter mit Großbuchstaben aufschreiben und die Bedeutung erkennen?

1. η πολιτική [politikí] Η ΠΟΛΙΤΙΚΗ Politik
2. η δημοκρατία [thimokratía] ______________ ______________
3. η ολιγαρχία [olijarchía] ______________ ______________
4. η μοναρχία [monarchía] ______________ ______________
5. η αριστοκρατία [aristokratía] ______________ ______________
6. η αναρχία [anarchía] ______________ ______________
7. η δημαγωγία [thimajojía] ______________ ______________

4. Wort-Wort-Zuordnung

Auch medizinische Begriffe sind größtenteils Gräzismen. Können Sie sie zuordnen?

1.	το όργανο	[órjano]	___A Narkose
2.	η πανδημία	[panthimía]	___B Diabetes
3.	το θερμόμετρο	[thermómetro]	___C Asthma
4.	η αλλεργία	[alerjía]	___D Therapie
5.	η γρίπη	[jrípi]	___E Diagnose
6.	ο διαβήτης	[thiawítis]	___F Grippe
7.	το άσθμα	[ásthma]	___G Allergie
8.	η διάγνωση	[thiájnossi]	___H Thermometer
9.	η νάρκωση	[nárkossi]	___I Pandemie
10.	η θεραπεία	[therapía]	___J Organ

19. Berufe

Πού δουλεύεις / δουλεύετε;
[pu thuléwis / thuléwete?]
Wo arbeitest du / arbeiten Sie?

Είμαι ...
[íme ...]
Ich bin ...

Σπουδάζω ...
[sputházo]
Ich studiere ...

Berufsbezeichnungen haben teilweise zwei Geschlechter.

ο / η γιατρός	[jiatrós]	Arzt / Ärztin
ο / η φαρμακοποιός	[farmakopiós]	Apotheker(in)
ο νοσοκόμος / η νοσοκόμα	[nossokómos / nossokóma]	Krankenpfleger(in)
ο / η δικηγόρος	[thikijóros]	Rechtsanwalt / Rechtsanwältin
ο δάσκαλος / η δασκάλα	[tháskalos / thaskála]	Lehrer(in)
ο λογιστής / η λογίστρια	[lojistís / lojístria]	Buchhalter(in)
ο / η υπάλληλος	[ipálilos]	Angestellter / Angestellte
ο / η γραμματέας	[jramatéas]	Sekretär(in)
ο / η πληροφορικός	[pliroforikós]	Informatiker(in)
ο πωλητής / η πωλήτρια	[politís / polítria]	Verkäufer(in)
ο / η υδραυλικός	[ithrawlikós]	Klempner(in)
ο / η ζωγράφος	[zojráfos]	Maler(in)
ο / η συγγραφέας	[sijraféas]	Schriftsteller(in)

1. Zuordnung von weiteren Berufsbezeichnungen

Nachfolgend sehen Sie weitere Berufsbezeichnungen. Können Sie sie aufschreiben? Beachten Sie dabei das Geschlecht.

ο / η φυσικός	[fissikós]	ο / η ηλεκτρολόγος	[ilektrolójos]
ο / η χημικός	[chimikós]	ο γραφίστας / η γραφίστρια	[jrafístas / jrafístria]
ο / η μηχανικός	[michanikós]	ο / η μαθηματικός	[mathimatikós]
ο / η μουσικός	[mussikós]	ο γυμναστής / η γυμνάστρια	[jimnastís / jimnástria]

1. die Musikerin ____________________
2. der Trainer ____________________
3. die Elektrikerin ____________________
4. der Mechaniker ____________________
5. die Chemikerin ____________________
6. der Physiker ____________________

20. Wetter

Τι καιρό έχει σήμερα;
[ti keró échi símera?]
Wie ist das Wetter heute?

Σήμερα ...
[símera]
Heute ...

... έχει 30 βαθμούς.	[échi 30 wathmús]	... sind es 30 Grad.
... κάνει ζέστη.	[káni zésti]	... ist es warm.
... κάνει κρύο.	[káni krío]	... ist es kalt.
... έχει ήλιο.	[échi íʎio]	... ist es sonnig.
... έχει αέρα.	[échi aéra]	... ist es windig.
... έχει καύσωνα.	[échi káfssona]	... gibt es eine Hitzewelle.
... έχει συννεφιά.	[échi sinefiá]	... ist es bewölkt.
... βρέχει.	[wréchi]	... regnet es.
... έχει καταιγίδα.	[échi katejítha]	... gibt es Gewitter.
... χιονίζει.	[chionízi]	... schneit es.
... έχει ομίχλη.	[échi omíchli]	... ist es neblig.

Außerdem:

ο ουρανός	[uranós]	Himmel
ο ήλιος	[íʎios]	Sonne
το ηλιοβασίλεμα	[iʎiowassílema]	Sonnenuntergang
το φεγγάρι	[fegári]	Mond
η πανσέληνος	[panssélinos]	Vollmond
το αστέρι	[astéri]	Stern

1. Bild-Wort-Zuordnung

Können Sie bei den folgenden Bildern die entsprechenden Beschreibungen aufschreiben?

Σήμερα...

1. 

2. 

3. 

4. 

21. Länder

η Ελλάδα	[elátha]	Griechenland	η Γερμανία	[jermanía]	Deutschland
η Πολωνία	[polonía]	Polen	η Αγγλία	[aglía]	England
η Αυστρία	[afstría]	Österreich	η Γαλλία	[jalía]	Frankreich
η Ελβετία	[elwetía]	Schweiz	η Ισπανία	[ispanía]	Spanien

1. Nachbarländer von Griechenland und Deutschland

Nachfolgend sehen Sie weitere Ländernamen. Können Sie erkennen, welche der Länder an Griechenland und an Deutschland angrenzen (auch o. g. Länder)? Ein paar Länder grenzen an keines der beiden Länder an. Können Sie sie mit Großbuchstaben aufschreiben?

το Βέλγιο, η Αλβανία, η Τουρκία, το Λιχτενστάιν, η Ολλανδία, η Κύπρος, η Βουλγαρία, η Βόρεια Μακεδονία, η Ιταλία, η Ισπανία, η Τσεχία, το Λουξεμβούργο, η Δανία

1. Η ΕΛΛΑΔΑ

____________________ ____________________

____________________ ____________________

2. Η ΓΕΡΜΑΝΙΑ

____________________ ____________________

____________________ ____________________

____________________ ____________________

____________________ ____________________

____________________ ____________________

3. Außerdem:

____________________ ____________________

____________________ ____________________

22. Geographische Begriffe und Sehenswürdigkeiten

Geographische Begriffe

η πόλη	[póli]	Stadt
το χωριό	[chorió]	Dorf
το νησί	[nissí]	Insel
η θάλασσα	[thálassa]	Meer
η παραλία	[paralía]	Strand
η λίμνη	[límni]	See
το ποτάμι	[potámi]	Fluss
το βουνό	[wunó]	Berg
το φαράγγι	[farági]	Schlucht
το ηφαίστειο	[iféstio]	Vulkan

Sehenswürdigkeiten

το αξιοθέατο	[axiothéato]	Sehenswürdigkeit
ο Λευκός Πύργος	[lefkós pírjos]	Weißer Turm von Thessaloniki
το μαντείο	[mandío]	Orakel
ο ναός	[naós]	Tempel
το μοναστήρι	[monastíri]	Kloster
το κάστρο	[kástro]	Burg

1. Bild-Wort-Zuordnung

Finden Sie die Sehenswürdigkeiten in der Wortschlange und schreiben Sie sie mit Kleinbuchstaben auf.

ΜΟΝΑΣΤΗΡΙΑΚΡΟΠΟΛΗΜΑΝΤΕΙΟΝΑΟΣ

1. η __________
2. το __________
3. το __________
4. ο __________

23. Feste und Feiertage

In Griechenland haben Feste einen hohen Stellenwert und werden - mit Ostern als dem größten Fest - in größerem Rahmen gefeiert.

τα Φώτα	[fóta]	Erscheinung des Herrn (6. Januar)
η Καθαρά Δευτέρα	[kathará deftéra]	Beginn der Fastenzeit vor Ostern
η 25η Μαρτίου	[ikostí pémpti martíu]	Tag der Unabhängigkeit und Mariä Verkündigung
το Πάσχα	[páscha]	Ostern
ο Δεκαπενταύγουστος	[thekapendáwjustos]	Mariä Himmelfahrt (15. August)
η 28η Οκτωβρίου	[ikostí ojthói oktowríu]	Jahrestag des „Nein" (2. Weltkrieg)
τα Χριστούγεννα	[christújena]	Weihnachten
η Πρωτοχρονιά	[protochroɲiá]	Neujahr
το πανηγύρι	[panijíri]	Volksfest (bei relig. Feiertagen)
η ονομαστική γιορτή	[onomastikí jiortí]	Namenstag
τα γενέθλια	[jenéthlia]	Geburtstag
ο γάμος	[jámos]	Hochzeit
η βάφτιση	[wáftisi]	Taufe

1. Zuordnung von Wünschen

Nachfolgend sehen Sie Wünsche zu den jeweiligen Feiern. Können Sie sie zuordnen?

	Χρόνια πολλά!	[chróɲia polá]	Alles Gute! (Geburts-/ Namenstag)
1.	Καλό Πάσχα!	[kaló páscha]	___A Frohe Weihnachten!
2.	Καλά Χριστούγεννα!	[kalá christújena]	___B Frohes neues Jahr!
3.	Καλή χρονιά!	[kalí chroɲiá]	___C Frohe Ostern!

2. Bild-Wort-Zuordnung

Schreiben Sie die entsprechenden Feste unter die Bilder.

1. 
______

2. 
______

3. 
______

4. 
______

24. Griechische Produkte

το τάβλι	[táwli]	Backgammon
το κομπολόι	[kobolói]	Perlenschnur
το κομποσκοίνι	[komboskíni]	Gebetsschnur
ο μάρτης	[mártis]	Märzarmbändchen
το φυλαχτό	[filachtó]	religiöser Talisman
το αγαλματάκι	[ajalmatáki]	kleine Skulptur
το μάτι	[máti]	fluchabweisendes blaues Auge
το σεμέν	[semén]	Häkeldeckchen
το κέντημα	[kéndima]	Stickerei
η αρχαία εικόνα	[archéa ikóna]	antikes Bild
η (θρησκευτική) εικόνα	[(thriskeftikí) ikóna]	Ikone
το ρόδι	[róthi]	Granatapfel (Glücksbringer)
το σαπούνι	[sapúni]	Seife

1. Bild-Wort-Zuordnung

Schreiben Sie die passenden Begriffe unter die Bilder.

1. 

____

2.

____

3. 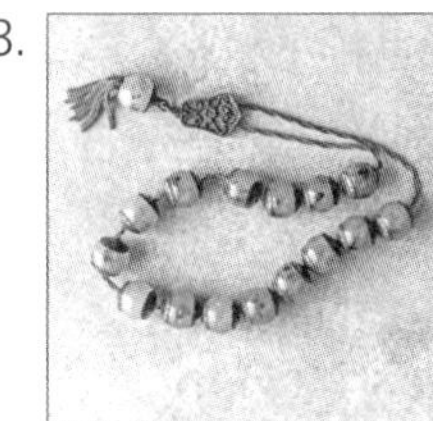

____

4. 

____

5. 

____

6.

____

7. 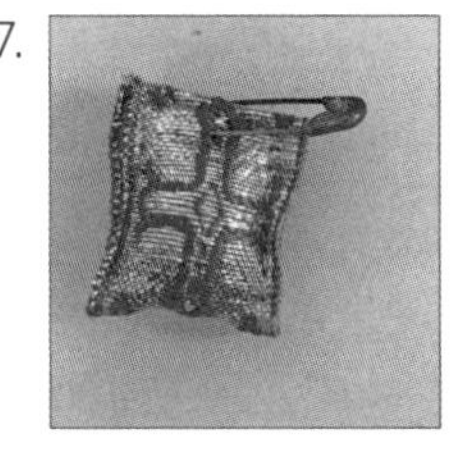

____

8. 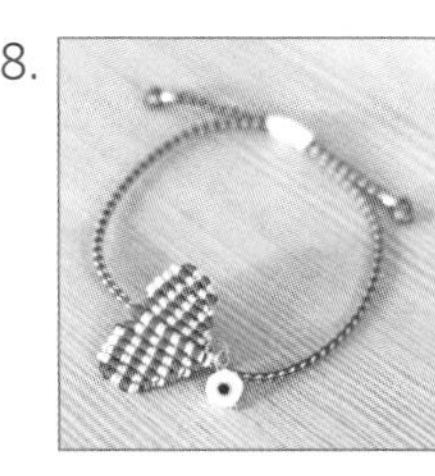

____

25. Falsche Freunde

Wie in allen Sprachen gibt es auch im Griechischen Wörter, die deutschen Wörtern in der Aussprache ähneln, jedoch eine völlig andere Bedeutung haben und daher sogenannte falsche Freunde sind.

Griechisches Wort	Aussprache	Bedeutung	Falscher Freund mit
ναι	[ne]	ja	nee (ugs. für nein)
τακτικός, τακτική, τακτικό	[taktikós]	ordentlich, regelmäßig	taktisch
τότε	[tóte]	damals, dann	tot
το γράμμα	[jráma]	Buchstabe, Brief	Gramm
το πρωτότυπο	[protótipo]	Original	Prototyp
η άσκηση	[áskissi]	Übung	Askese
η ρακέτα	[rakéta]	Tennisschläger	Rakete
φυσικός, φυσική, φυσικό	[fissikós, fissikí, fissikó]	natürlich	physisch
ο χορός	[chorós]	Tanz	Chor
ο χώρος	[chóros]	Raum	Chor
η σερβιέτα	[serwiéta]	Damenbinde	Serviette
το γάλα	[jála]	Milch	Gala
το μέλι	[méli]	Honig	Mehl
η μπλούζα	[blúza]	T-Shirt, Shirt	Bluse
το κοστούμι	[kostúmi]	Anzug	Kostüm
το σοκ	[sok]	Schock	Socke
η φόρμα	[fórma]	Trainingsanzug, Formular	Form
η ρόμπα	[róba]	Morgenmantel	Robe
ιδιωτικός, ιδιωτική, ιδιωτικό	[ithiotikós, ithiotikí, ithiotikó]	privat	idiotisch
ο κόσμος	[kósmos]	Welt	Kosmos
Χριστός	[christós]	Christus	Christos (Name, aber gleichbedeutend mit: Χρήστος [chrístos])
εσωτερικός, εσωτερική, εσωτερικό	[essoterikós, essoterikí, essoterikó]	innerer, Innen-	esoterisch
η αποθήκη	[apothíki]	Lagerraum	Apotheke
η διάλυση	[thiálissi]	Auflösung	Dialyse (Blutreinigung)

Lösungen

Das griechische Alphabet

1. Bekannte Buchstaben

1 1B, 2C, 3D, 4A, 5E, 6F
2 A3, B1, C4, D2
4 Zeilen: ΜΑΤΙ, ΚΑΚΑΟ, ΚΙΝΟΑ, ΕΝΑ, ΚΑΝΟ, Spalten: ΜΑΜΑ, ΑΜΟΚ, ΚΙΝΑ, ΚΟΤΑ, ΜΑΝΟ, ΕΚΑΤΟ

2. Falsche Freunde

1 1C, 2D, 3A, 4B
2 A2, B1
3 1B, 2C, 3A
4 1. ΒΕΝΖΙΝΗ, 2. ΝΙΚΗ, 3. ΒΗΜΑ, 4. ΤΙΜΗ, 5. ΚΙΝΗΤΟ, 6. ΝΟΜΙΚΗ
5 A4, B1, C2, D3
6 1. ΚΕΡΙ, 2. ΜΕΡΑ, 3. ΑΚΡΗ, 4. ΤΡΙΑ, 5. ΡΑΚΗ, 6. ΚΟΡΗ, 7. ΚΡΕΜΑ
7 1. ΤΑΧΙΝΙ, 2. ΧΑΡΑ, 3. ΧΑΚΙ, 4. ΧΑΡΤΙ, 5. ΜΗΧΑΝΗ, 6. ΧΕΡΙ
8 1. ΤΑΧΙΝΙ, ΧΕΡΙ, 2. ΧΑΡΑ, ΧΑΚΙ, ΧΑΡΤΙ, ΜΗΧΑΝΗ
10 1. ΚΙΝΑ, 2. ΤΥΡΙ, 3. ΚΟΤΑ, 4. ΒΙΖΑ, 5. ΜΗΧΑΝΗ

3. Bekannte Buchstaben aus anderen Kontexten

1 1D, 2A, 3B, 4C
2 1. ΣΥΚΟ, 2. ΝΗΣΙ, 3. ΒΗΧΑΣ, 4. ΖΕΣΤΗ, 5. ΕΤΟΣ, 6. ΑΣΤΕΡΙ
3 1. ΩΡΑ, 2. ΕΡΩΤΗΣΗ, 3. ΤΩΡΑ, 4. ΩΚΕΑΝΟΣ
4 Α, Ω

4. Unbekannte Buchstaben

2 1C, 2A, 3B
3 1. ΓΕΡΜΑΝΙΑ, 2. ΓΗ, 3. ΓΙΑΤΙ, 4. ΓΙΟΣ, 5. ΓΝΩΜΗ, 6. ΓΡΑΜΜΗ, 7. ΓΡΗΓΟΡΑ
4 1G, 2F, 3B, 4H, 5I, 6A, 7D, 8J, 9L, 10C, 11E, 12K; Korrekte Reihenfolge: Β, Γ, Ζ, Η, Ι, Μ, Ν, Ο, Ρ, Σ, Χ, Ω
5 1G, 2J, 3B, 4C, 5D, 6E, 7F, 8A, 9H, 10I
7 1D, 2A, 3B, 4C
8 1. ΘΕΟΣ, 2. ΜΑΘΗΜΑ, 3. ΒΑΘΜΟΣ
9 1. ΘΕΟΣ, 2. ΘΕΑΤΡΟ, 3. ΑΘΗΝΑ, 4. ΔΡΑΜΑ
10 1J, 2A, 3B, 4C, 5I, 6E, 7F, 8G, 9D, 10H
12 ΤΑΞΙ
13 1. ΞΥΛΟ, 2. ΞΑΝΑ, 3. ΞΙΔΙ, 4. ΔΕΞΙΑ
14 1. ΞΥΛΟ, 2. ΗΛΙΟΣ, 3. ΞΙΔΙ
15 1B, 2A
16 1. ΠΡΩΙ, 2. ΠΑΓΩΤΟ, 3. ΠΑΠΑΣ, 4. ΠΛΑΚΑ, 5. ΠΑΡΑΛΙΑ

17 ΠΑΠΑΣ, ΠΑΓΩΤΟ, ΡΑΠ, ΞΥΛΟ, ΞΙΔΙ, ΠΑΡΜΕΖΑΝΑ, ΞΑΝΑ, ΠΛΑΚΑ, ΓΑΛΑ, ΠΡΩΙ
18 1. ΦΕΤΑ, 2. ΦΑΞ
19 1E, 2A, 3B, 4C, 5D
21 1. ΦΩΣ, 2. ΦΙΛΙ, 3. ΦΥΣΗ, 4. ΦΑΓΗΤΟ, 5. ΦΩΝΗ, 6. ΦΑΚΗ, 7. ΦΟΡΤΗΓΟ, 8. ΦΑΒΑ
22 1. ΨΩΜΙ, 2. ΨΑΡΙ, 3. ΨΑΛΙΔΙ, 4. ΤΑΨΙ, 5. ΨΕΜΑ, 6. ΨΗΣΤΑΡΙΑ
23 1. PSYCHOLOGIE, 2. PSYCHIATRIE, 3. PSALM, 4. PSYCHOANALYSE, 5. APOKALYPSE
24 1. ΚΟΤΑ, 2. ΟΝΟΜΑ, 3. ΒΙΖΑ, 4. ΝΙΚΗ, 5. ΧΕΡΙ, 6. ΤΥΡΙ, 7. ΤΩΡΑ, 8. ΓΑΛΑ, 9. ΔΥΟ, 10. ΜΑΘΗΜΑ, 11. ΔΙΑΛΟΓΟΣ, 12. ΘΑΛΑΣΣΑ, 13. ΦΕΤΑ, 14. ΨΩΜΙ

5. Die Kleinbuchstaben

1 1. ΜΑΜΑ, μαμά, 2. ΑΝΝΑ, Άννα
2 1. Κίνα, 2. κανό, 3. κόμμα, 4. ένα, 5. εκατό, 6. όνομα
3 1. ΜΟΒ, 2. ΚΑΒΑ, 3. ΒΕΤΟ, 4. ΒΑΝ
4 1. βίζα, 2. βάζο
5 1. όνομα, 2. κακάο
6 1. τιμή, 2. κινητό, 3. βενζίνη, 4. νίκη
7 1. ΤΑΒΕΡΝΑ, ταβέρνα, 2. ΡΑΚΗ, ρακή
8 1. χαρά, 2. χέρι, 3. μηχανή, 4. χαρτί, 5. χακί
9 1. ΤΥΡΙ, τυρί, ΚΡΕΜΑ, κρέμα, 2. ΧΑΝΙΑ, Χανιά
10 1. σύκο, 2. αέρας, 3. νησί, 4. ζέστη, 5. έτος, 6. βήχας
11 ΑΣΣΟΣ, Άσσος
12 1. ώρα, 2. τώρα, 3. ερώτηση, 4. ωκεανός
13 Ο, ο; Η, η, Ι, ι, Υ, υ
14 ΒΑΣΗ, βάση; ΝΗΣΙ, νησί; ΧΑΡΑ, χαρά; ΧΕΡΙ, χέρι; ΤΙΜΗ, τιμή; ΝΙΚΗ, νίκη
15 1. γάμμα, γράμμα, 2. γάμος, μάγος, 3. γάτα, γιατί
16 1. ΕΞΟΔΟΣ, έξοδος (Ausfahrt), 2. ΕΛΛΗΝΙΚΗ ΔΗΜΟΚΡΑΤΙΑ, Ελληνική Δημοκρατία (Hellenische Republik, wörtl. Hellenische Demokratie)
17 1. ΑΘΗΝΑ, Αθήνα, 2. ΘΕΑΤΡΟ, θέατρο
18 1. διάλογος, 2. θάλασσα, 3. γλυκό, 4. ήλιος
19 1D, 2C, 3B, 4A
20 1. ΠΑΡΑΛΙΑ ΚΟΜΗΤΟ, Παραλία Κόμητο, 2. ΠΡΟΣΟΧΗ, προσοχή, 3. ΤΑΞΙ, ταξί
21 1. φέτα, 2. φόρεμα, 3. τηλέφωνο, 4. φωτογραφία, 5. φύση, 6. φαγητό
22 ΨΑΡΟΤΑΒΕΡΝΑ, ψαροταβέρνα
23 1. ΜΕΤΡΟ, μετρό, 2. ΓΑΛΑ, γάλα, 3. ΓΛΥΚΟ, γλυκό, 4. ΡΑΚΗ, ρακή, 5. ΕΝΑ, ένα, 6. ΚΙΝΑ, Κίνα, 7. ΣΥΚΟ, σύκο, 8. ΚΑΚΑΟ, κακάο; ΕΛΛΗΝΙΚΑ, ελληνικά, Griechisch

6. Buchstabenkombinationen

1 Ε, ε; Η, η, Ι, ι, Υ, υ
2 1. ΝΑΙ, 2. ΚΑΙ, 3. ΕΙΜΑΙ, 4. ΟΙΚΟΓΕΝΕΙΑ, 5. ΟΥΖΟ, 6. ΑΥΤΟΚΙΝΗΤΟ, 7. ΑΥΡΙΟ, 8. ΕΥΧΑΡΙΣΤΩ, 9. ΕΥΡΩ, 10. ΠΑΪΔΑΚΙ
3 1K, 2J, 3D, 4C, 5A, 6M, 7E, 8G, 9B, 10N, 11L, 12I, 13F, 14H, 15P, 16O; αισθητική, ακουστική, μουσείο, χειρουργός, οικονομία, μουσική, ψευδώνυμο, ουτοπία,

οικολογία, αυτονομία, γυναικολόγος, ενθουσιασμός, αρχαιολογία, αυτοβιογραφία, ολοκαύτωμα, αστροναύτης

4 1. ΟΔΟΣ ΘΟΛΟΥ, οδός Θόλου, 2. ΦΑΡΜΑΚΕΙΟ, φαρμακείο, 3. ΠΕΙΡΑΙΑΣ, ΑΚΡΟΠΟΛΗ, Πειραιάς, Ακρόπολη, 4. ΠΡΟΣΟΧΗ ΣΧΟΛΕΙΟ, προσοχή σχολείο, 5. ΚΟΥΛΟΥΡΙ ΘΕΣΣΑΛΟΝΙΚΗΣ, κουλούρι Θεσσαλονίκης

5 1. ΜΠΑΜΠΑΣ, 2. ΝΤΟΥΣ, 3. ΠΕΝΗΝΤΑ, 4. ΓΚΟΛΦ, 5. ΑΓΓΕΛΟΣ, 6. ΤΖΑΤΖΙΚΙ, 7. ΤΣΑΪ

6 1H, 2A, 3K, 4E, 5F, 6B, 7I, 8M, 9C, 10G, 11D, 12J, 13N, 14L, 15P, 16O; μπαλκόνι, πίτσα, διαμάντι, φαντασία, μπάλα, γκαλερί, Ολυμπία, ακορντεόν, βίντεο, συμπάθεια, σπαγγέτι, Ανταρκτική, ανταγωνιστής, ευαγγελικός, παντομίμα, εγκυκλοπαίδεια

7 1. ΑΡΧΑΙΑ ΟΛΥΜΠΙΑ, Αρχαία Ολυμπία, 2. ΚΕΝΤΡΟ, κέντρο, 3. ΣΥΝΤΑΓΜΑ, Σύνταγμα, 4. ΟΔΟΣ ΑΓΙΟΥ ΦΡΑΓΚΙΣΚΟΥ, οδός Αγίου Φραγκίσκου, 5. ΑΣΤΥΝΟΜΙΑ, αστυνομία, ΝΟΣΟΚΟΜΕΙΟ, νοσοκομείο, ΤΑΧΥΔΡΟΜΕΙΟ, ταχυδρομείο

8 1E, 2C, 3F, 4B, 5D, 6A

Wortfelder

1. Die Artikel

1 1B, 2D, 3E, 4C, 5A, 6G, 7F

2 1. ΤΟ ΜΑΤΙ, ΤΑ ΜΑΤΙΑ, 2. ΤΟ ΟΝΟΜΑ, ΤΑ ΟΝΟΜΑΤΑ, 3. Η ΤΙΜΗ, ΟΙ ΤΙΜΕΣ, 4. Ο ΠΑΠΑΣ, ΟΙ ΠΑΠΑΔΕΣ, 5. Η ΕΡΩΤΗΣΗ, ΟΙ ΕΡΩΤΗΣΕΙΣ, 6. ΤΟ ΦΟΡΕΜΑ, ΤΟ ΦΟΡΕΜΑΤΑ, 7. Η ΠΑΡΑΛΙΑ, ΟΙ ΠΑΡΑΛΙΕΣ

2. Zahlen und Mengenangaben

1 1. πέντε, 2. εννιά, 3. δεκαέξι, 4. είκοσι δύο, 5. τριάντα έξι, 6. πενήντα πέντε, 7. εκατόν δύο, 8. διακόσια πενήντα, 9. πεντακόσια, 10. χίλια

2 1. τριακόσια γραμμάρια, 2. τρία κιλά, 3. δύο λίτρα

3. Uhrzeit

1 6A, 1B, 2C, 4D, 5E, 3F

4. Wochentage und Zeitausdrücke

1 2. Σήμερα είναι Παρασκευή. 3. Αύριο είναι Πέμπτη. 5. χθες βράδυ 7. Τρίτη μεσημέρι

5. Monate und Jahreszeiten

1 ο χειμώνας: Ο ΔΕΚΕΜΒΡΙΟΣ, Ο ΙΑΝΟΥΑΡΙΟΣ, Ο ΦΕΒΡΟΥΑΡΙΟΣ; η άνοιξη: Ο ΜΑΡΤΙΟΣ, Ο ΑΠΡΙΛΙΟΣ, Ο ΜΑΪΟΣ; το καλοκαίρι: Ο ΙΟΥΝΙΟΣ, Ο ΙΟΥΛΙΟΣ, Ο ΑΥΓΟΥΣΤΟΣ; το φθινόπωρο: Ο ΣΕΠΤΕΜΒΡΙΟΣ, Ο ΟΚΤΩΒΡΙΟΣ, Ο ΝΟΕΜΒΡΙΟΣ

6. Farben

1 1. μπεζ, 2. γκρι, 3. μπλε, 4. ροζ
2 1. ΜΠΛΕ, 2. ΜΠΕΖ, 3. ΡΟΖ, 4. ΜΑΥΡΟ

7. Kleidung

1 1. το δαχτυλίδι, 2. το φόρεμα, 3. το μπικίνι, 4. τα παπούτσια

8. Körper

1 1. το πρόσωπο, 2. το στήθος, 3. το χέρι, 4. η κοιλιά, 5. το πόδι, 6. το γόνατο

9. Namen

1 1D, 2B, 3C, 4A, 5E
2 1. Πέτρος, 2. Μιχάλης, 3. Ελένη, 4. Γιώργος, 5. Μαρία, 6. Άννα

10. Familie

1 1. γυναίκα, 2. άντρας, 3. εγγόνι

11. Wohnen

1 1. τουαλέτα, 2. κουζίνα, 3. μπαλκόνι, 4. σαλόνι, 5. καναπές, 6. μπάνιο

12. Freizeit

1 1. η κολύμβηση, 2. το ποδόσφαιρο, 3. το μπάσκετ, 4. το τένις, 5. το σκι, 6. ο χορός, 7. η ποδηλασία, 8. το τρέξιμο
2 1. η κιθάρα, 2. η λύρα, 3. το μπουζούκι, 4. το κλαρινέτο, 5. το φλάουτο, 6. το πιάνο, 7. τα ντραμς, 8. το βιολί
3 1. ταβέρνα, 2. σινεμά, 3. παίζω βιντεοπαιχνίδια, 4. καφετέρια, 5. μουσείο, 6. σερφάρω στο ίντερνετ, 7. θέατρο, 8. πάρκο

13. Tiere

1 1. η γάτα, 2. η πεταλούδα, 3. το πουλί, 4. ο σκύλος, 5. το φίδι, 6. το ψάρι, 7. το κατσίκι, 8. η αγελάδα

14. Geschäfte und Märkte

1 1. το ιχθυοπωλείο, 2. το ζαχαροπλαστείο

15. Lebensmittel

1 1. ανανάς, 2. καρότο, 3. σπανάκι, 4. μπρόκολο, 5. νεκταρίνι, 6. λεμόνι, 7. μανταρίνι, 8. ντομάτα
2 1C, 2A, 3B
3 1. τα μύδια, 2. τα καλαμαράκια, 3. οι γαρίδες, 4. το χταπόδι
4 1. ο γύρος, 2. το σουβλάκι, 3. το κοτόπουλο, 4. το παϊδάκι, 5. η μπριζόλα, 6. η πανσέτα, 7. το λουκάνικο, 8. η πίτα με σουβλάκι

5 1D, 2A, 3G, 4B, 5C, 6E
1. Ο ΒΑΣΙΛΙΚΟΣ, 2. ΤΟ ΚΑΣΤΑΝΟ, 3. ΤΟ ΣΑΦΡΑΝ, 4. Η ΚΑΠΑΡΗ, 5. Η ΜΑΣΤΙΧΑ ΧΙΟΥ, 6. Η ΡΙΓΑΝΗ

16. Getränke

1 1. ούζο, 2. φραπές, 3. σόδα, 4. Μεταξά, 5. ρακή, 6. τσάι

17. Griechische Gerichte

1 1. η ντομάτα, 2. το αγγούρι, 3. η πιπεριά, 4. το κρεμμύδι, 5. η ελιά, 6. η φέτα, 7. το ελαιόλαδο, 8. η ρίγανη, 9. το αλάτι

2 1. ΤΑ ΚΥΡΙΩΣ ΠΙΑΤΑ, 2. ΤΑ ΕΠΙΔΟΡΠΙΑ, 3. ΤΑ ΟΡΕΚΤΙΚΑ

18. Wissenschaften und Künste

1 1I, 2F, 3D, 4E, 5C, 6B, 7G, 8K, 9H, 10M, 11A, 12J, 13L

2 2. η ψυχολογία, 3. η αστρονομία, 4. η γεωγραφία

3 2. Η ΔΗΜΟΚΡΑΤΙΑ, Demokratie, 3. Η ΟΛΙΓΑΡΧΙΑ, Oligarchie, 4. Η ΜΟΝΑΡΧΙΑ, Monarchie, 5. Η ΑΡΙΣΤΟΚΡΑΤΙΑ, Aristokratie, 6. Η ΑΝΑΡΧΙΑ, Anarchie, 7. Η ΔΗΜΑΓΩΓΙΑ, Demagogie

4 1J, 2I, 3H, 4G, 5F, 6B, 7C, 8E, 9A, 10D

19. Berufe

1 1. η μουσικός, 2. ο γυμναστής, 3. η ηλεκτρολόγος, 4. ο μηχανικός, 5. η χημικός, 6. ο φυσικός

20. Wetter

1 1. έχει ήλιο, 2. βρέχει, 3. χιονίζει, 4. έχει συννεφιά

21. Länder

1 1. Η ΑΛΒΑΝΙΑ, Η ΒΟΡΕΙΑ ΜΑΚΕΔΟΝΙΑ, Η ΒΟΥΛΓΑΡΙΑ, Η ΤΟΥΡΚΙΑ, 2. Η ΓΑΛΛΙΑ, ΤΟ ΒΕΛΓΙΟ, Η ΟΛΛΑΝΔΙΑ, Η ΠΟΛΩΝΙΑ, Η ΤΣΕΧΙΑ, Η ΑΥΣΤΡΙΑ, Η ΕΛΒΕΤΙΑ, ΤΟ ΛΟΥΞΕΜΒΟΥΡΓΟ, Η ΔΑΝΙΑ, ΤΟ ΛΙΧΤΕΝΣΤΑΪΝ, 3. Η ΑΓΓΛΙΑ, Η ΙΣΠΑΝΙΑ, Η ΙΤΑΛΙΑ, Η ΚΥΠΡΟΣ

22. Geographische Begriffe und Sehenswürdigkeiten

1 1. Ακρόπολη, 2. μαντείο, 3. μοναστήρι, 4. ναός

23. Feste und Feiertage

1 1C, 2A, 3B

2 1. η βάφτιση, 2. τα Φώτα, 3. το Πάσχα, 4. η 28η Οκτωβρίου

24. Griechische Produkte

1 1. το μάτι, 2. το σεμέν, 3. το κομπολόι, 4. το ρόδι, 5. η εικόνα, 6. το τάβλι, 7. το φυλαχτό, 8. ο μάρτης

Bildnachweis

Umschlagvorderseite Getty Images (Mlenny), München; **6.1** Shutterstock (Daria Mart), New York; **6.2** Shutterstock (Amnat Phuthamrong), New York; **7** Shutterstock (Netfalls Remy Musser), New York; **9.1** Adobe Stock (Anton), Dublin; **9.2** PONS GmbH (PONS GmbH), Stuttgart; **9.3** PONS GmbH (PONS GmbH), Stuttgart; **9.4** PONS GmbH (PONS GmbH), Stuttgart; **11.1** Adobe Stock (fizkes), Dublin; **11.2** Adobe Stock (Pixel-Shot), Dublin; **11.3** Shutterstock (TTstudio), New York; **11.4** Shutterstock (Piotr Krzeslak), New York; **12.1** Adobe Stock (Monster Ztudio), Dublin; **12.2** Adobe Stock (Savvapanf Photo ©), Dublin; **12.3** Shutterstock (Akos Csernak), New York; **12.4** Adobe Stock (RioPatuca Images), Dublin; **13.1** Adobe Stock (Holmessu), Dublin; **13.2** Adobe Stock (ink drop), Dublin; **15.1** Adobe Stock (Viktorua), Dublin; **15.2** Thinkstock (Digital Vision), München; **15.3** Getty Images (C. Lyttle), München; **15.4** Adobe Stock (Wirestock), Dublin; **17.1** Shutterstock (Elena Rostunova), New York; **17.2** Thinkstock (VV-pics), München; **17.3** Fotolia (philippe Devanne), New York; **19** Adobe Stock (zatletic), Dublin; **20.1** Shutterstock (Krakenimages.com), New York; **20.2** Fotolia (Stefan Körber), New York; **20.3** Thinkstock (Wavebreakmedia Ltd), München; **20.4** Thinkstock (Jupiterimages), München; **22.1** Thinkstock (Monkey Business Images), München; **22.2** Shutterstock (Ruslan Ivantsov), New York; **22.3** Getty Images (agrobacter), München; **22.4** Shutterstock (Lev Kropotov), New York; **24.1** Shutterstock (Dzinnik Darius), New York; **24.2** Fotolia (Ro), New York; **24.3** iStockphoto (PLAINVIEW), Calgary, Alberta; **24.4** Adobe Stock (r_andrei), Dublin; **27.1** Adobe Stock (LRafael), Dublin; **28.1** Shutterstock (sergeevana), New York; **28.2** iStockphoto (Dianne Maire), Calgary, Alberta; **28.3** Thinkstock (Tonkovic), München; **28.4** Shutterstock (Oksana Alekseeva), New York; **32** PONS GmbH (PONS GmbH), Stuttgart; **34.1** Adobe Stock (Carmen), Dublin; **34.2** Shutterstock (DJSinop), New York; **35.1** Shutterstock (rawf8), New York; **35.2** Adobe Stock (boscorelli), Dublin; **36** Adobe Stock (Haris Andronos), Dublin; **38.1** Adobe Stock (spuno), Dublin; **38.2** Shutterstock (MarkauMark), New York; **39.1** Shutterstock (Arne Beruldsen), New York; **39.2** Shutterstock (Werner Lerooy), New York; **40.1** Getty Images (Charalambos Andronos), München; **40.2** Shutterstock (Lil_Schwarmer), New York; **40.3** Adobe Stock (vicspacewalker), Dublin; **41** Shutterstock (vivooo), New York; **46.1** Shutterstock (Jose HERNANDEZ Camera 51), New York; **46.2** Adobe Stock (Theastock), Dublin; **46.3** Adobe Stock (tauav), Dublin; **46.4** Adobe Stock (Dmitriy Os Ivanov), Dublin; **46.5** Shutterstock (Bestravelvideo), New York; **49.1** Shutterstock (byvalet), New York; **49.2** Shutterstock (George Barker), New York; **49.3** Shutterstock (rawf8), New York; **49.4** Adobe Stock (Stephen), Dublin; **49.4** Adobe Stock (tauav), Dublin; **50** Shutterstock (fizkes), New York; **56.1** PONS GmbH, Stuttgart; **56.2** PONS GmbH, Stuttgart; **56.3** PONS GmbH, Stuttgart; **56.4** PONS GmbH, Stuttgart; **56.5** PONS GmbH, Stuttgart; **56.6** PONS GmbH, Stuttgart; **58.1** Shutterstock (mkrol0718), New York; **58.2** Shutterstock (djgis), New York; **58.3** Shutterstock (ultimathule), New York; **58.4** Thinkstock (Reinhold Foeger), München; **60.1** Shutterstock (Ivana Sel), New York; **60.2** Shutterstock (Karkas), New York; **60.3** Getty Images (JohnnyMad), München; **60.4** Shutterstock (Biskariot), New York; **61** Adobe Stock (Ruslan Gilmanshin), Dublin; **65.1** iStockphoto (alvarez), Calgary, Alberta; **65.2** Thinkstock (fotokostic), München; **65.3** Shutterstock (fotoinfot), New York; **65.4** Shutterstock (Maxisport), New York; **65.5** Fotolia (Alexander Rochau), New York; **65.6** Shutterstock (Pavel L Photo and Video), New York; **65.7** iStockphoto (pixdeluxe), Calgary, Alberta; **65.8** Fotolia (Christian Schwier), New York; **66.1** Shutterstock (Vereshchagin Dmitry), New York; **66.2** Getty Images (djmilic), München; **66.3** Getty Images (vectorshape), München; **66.4** Getty Images (venusphoto), München; **66.5** iStockphoto (pixhook), Calgary, Alberta; **66.6** Shutterstock (Boris Medvedev), New York; **66.7** Shutterstock (Africa Studio), New York; **66.8** Shutterstock (Sandra van der Steen), New York; **67.1** Shutterstock (Pawel Kazmierczak), New York; **67.2** Shutterstock (FotoHelin), New York; **67.3** Getty Images (Digital Vision), München; **67.4** Shutterstock (Jaroslav Moravcik), New York; **67.5** Adobe Stock (Anton Ivanov Photo), Dublin; **67.6** iStockphoto (Oleksandr Gumerov), Calgary, Alberta; **67.7** Adobe Stock (CrackerClips), Dublin; **67.8** Adobe Stock (Dimitris), Dublin; **68.1** Shutterstock (5 second Studio), New York; **68.2** Shutterstock (suns07butterfly), New York; **68.3** Shutterstock (Super Prin), New York; **68.4** Shutterstock (Andresr), New York; **68.5** Fotolia (olga demchishina), New York; **68.6** Fotolia (Photo-maxx), New York; **68.7** Getty Images (GlobalP), München; **68.8** Getty Images (borchee), München; **69.1** Adobe Stock (008melisa), Dublin; **69.2** Adobe Stock (vivoo), Dublin; **71.1** Getty Images (iuliia_n), München; **71.2** Shutterstock (Studiovd), New York; **71.3** Getty Images (tolisma), München; **72.1** Shutterstock (O.Bellini), New York; **72.2** Shutterstock (Nattika), New York; **72.3** Shutterstock (Boonchuay1970), New York; **72.4** Shutterstock (surabhi25), New York; **73.1** Shutterstock (Dario Racane), New York; **73.2** Shutterstock (rawf8), New York; **73.3** Shutterstock (AS Food studio), New York; **73.4** Adobe Stock (exclusive-design), Dublin; **73.5** Shutterstock (MaraZe), New York; **73.6** Adobe Stock (myviewpoint), Dublin; **73.7** Adobe Stock (GSDesign), Dublin; **73.8** Adobe Stock (starush), Dublin; **76** Getty Images (Nelea Reazanteva), München; **81.1** Shutterstock (Sagar Rajgor), New York; **81.2** Shutterstock (Smit), New York; **81.3** Shutterstock (Vladifot), New York; **81.4** Shutterstock (Pakhnyushchy), New York; **83.1** Shutterstock (Petr F. Marek), New York; **83.2** Getty Images (Leonid Andronov), München; **83.3** Shutterstock (Dmitry Rukhlenko), New York; **83.4.** Getty Images (Mlenny), München; **84.1** Shutterstock (Stratos Giannikos), New York; **84.2** Shutterstock (Ververidis Vasilis), New York; **84.3** Adobe Stock (vaso), Dublin; **84.4** Shutterstock (Giannis Papanikos), New York; **85.1** Getty Images (jirkaejc), München; **85.2** Shutterstock (Pam Walker), New York; **85.3** Shutterstock (P Kyriakos), New York; **85.4** Shutterstock (mantigomo), New York; **85.5** Shutterstock (yantarj), New York; **85.6** Shutterstock (ercan senkaya), New York; **85.7** PONS GmbH (Caroline Michas), Stuttgart; **85.8** Adobe Stock (photo_stella), Dublin

Mit Power fit in Griechisch!

Erste bis elementare Grundkenntnisse

Ihr Schlüssel zum Erfolg mit dem Intensivkurs für den Einstieg

- Unsere Methode: Sie **lernen in kleinen Portionen** und werden in **abwechslungsreichen Übungen** aktiv gefordert. Zwischendurch können Sie Ihr **Wissen mit Online-Tests** überprüfen. Wenn Sie wollen, reden Sie mit diesem Griechisch-Intensivkurs nach vier Wochen schon richtig mit.
- Ihr Vorteil: **Alles, was Sie zum Lernen brauchen, finden Sie in diesem Kurs.** Kompakte Erklärungen, authentische Hörtexte und zahlreiche **Übungen zum Sprechen, Hören und Schreiben** führen Sie schnell zum Ziel.
- Extra: **Alle Zusatzmaterialien** (Audio und Aussprachetraining) finden Sie ganz praktisch Seite für Seite in der **Scan2Learn-App**!

ISBN: 978-3-12-566054-0